Georg Baselitz

Georg Baselitz

Benedikt Taschen

UMSCHLAGVORDERSEITE / FRONT COVER / COUVERTURE:
Das Motiv: Giraffe, 1988
The Subject: Giraffe / Le motif: girafe
Öl auf Leinwand / Oil on canvas / Huile sur toile
130 × 97 cm
Neapel / Naples
Courtesy Lucio Amelio

SCHMUTZTITEL / FLY TITLE / PAGE DE GARDE:
Ohne Titel, 1984
Untitled / Sans titre
Aquarell auf Papier / Watercolour on paper /
Aquarelle sur papier, 47 × 65,5 cm
Köln / Cologne
Courtesy Galerie Michael Werner

FRONTISPIZ / FRONTISPIECE / FRONTISPICE:
Georg Baselitz, Derneburg, 1984
Photo: Daniel Blau

RÜCKUMSCHLAG / BACKCOVER / AU DOS:
Der Dichter, 1965
The Poet / Le Poète
Öl auf Leinwand / Oil on canvas / Huile sur toile
162 × 130 cm
Privatsammlung / Private collection / Collection privée

© 1990 Benedikt Taschen Verlag GmbH & Co.KG
Hohenzollernring 53, 5000 Köln 1
© 1990 Georg Baselitz, Derneburg
Konzeption und Gestaltung: Dr. Angelika Muthesius
Dokumentation: Detlev Gretenkort, Derneburg
Cover: Peter Feierabend, Berlin
English translation: John Ormrod, Munich, Norbert Messler
Traduction française: Marie-Anne Trémeau-Böhm, Cologne; Bernadette Martial, Munich
Reproduktionen: Repro Color, Bocholt;
Repro Service Werner Pees, Essen
Satz: Utesch Satztechnik GmbH, Hamburg
Printed in Germany
ISBN: 3-8228-0419-3

Inhalt / Contents / Sommaire

Ein imaginäres Gespräch zwischen Baselitz, Dahlem und Pickshaus

»Das Sehen ist ein Zustand des Erkennens!«

Ein Bilderbuch? Ja, ich schaue mir Kunstbücher in diesem Sinne an. Ich will gar nichts lesen, und ich mag auch selbst nichts schreiben. Ich finde Bildbeschreibungen überflüssig. Die Reproduktion des Bildes, Maß und Jahreszahl darunter, das reicht aus. Was soll man zu den Arbeiten von Georg Baselitz sagen?

»Die Ratlosigkeit gegenüber der Kunst wird nicht abgebaut, indem man ihr Vermittlungs-Charakter unterschiebt, ihren Gebrauch vorstellt und sie trivialisiert. Die Kunst enthält keine Information, [...] sie ist in keiner anderen Weise benutzbar als betrachtbar.«
(Aus: G. Baselitz, »Vier Wände und Oberlicht oder besser kein Bild an der Wand«, 1979.)

Georg Baselitz muß sich nicht rechtfertigen. Aber er wird ständig von Leuten, die sich verbal mit ihm beschäftigen, in die Diskussion seiner Arbeit hineingetrieben. Dabei ist die gesamte Sekundärliteratur unbrauchbar. Denn die Vermittler vermögen ihn ja nur nach dem zu befragen, was ihnen zu ihrer eigenen Rechtfertigung dient.

»Es gibt keine Korrespondenz mit irgendwelchem Publikum. Wie er [der Künstler] keine Fragen stellen kann, macht er auch keine Aussage im Sinne von Mitteilung, Botschaft, Meinung, Information. [...] Für die Arbeit des Künstlers sind folglich auch keine Vermittler nötig.«
(ebd.)

Politiker mißbrauchen die Auseinandersetzung mit der bildenden Kunst, indem sie ungeheuren Wert auf den massenhaften Zulauf des Publikums legen. Wobei ich mich noch sehr gut daran erinnere, daß ich in den 50er und 60er Jahren Museen aufgesucht habe, weil sie wirklich still waren. Da war ja niemand drin. Die Museumswärter spielten Skat. Ist es nicht eigentlich die Trostlosigkeit, die Enttäuschung, die Traurigkeit, sogar die Hoffnungslosigkeit gewesen, die unser ererbtes Leben beendete und uns entließ in die Furchtlosigkeit unserer eigenen Existenz?

»Die Toten brauchen die besten Bilder, das ist die Kunstgeschichte ... Sind denn für andere Bilder überhaupt sichtbar? [...] Die Grabhöhle der Etrusker oder Ägypter ist vollständig finster, man sieht die Bilder gar nicht. Der Maler hat also Bilder gemalt, die keiner sieht. Wiederum hat Renoir in der Priscillagruft nicht gepfuscht, wie wir jetzt prüfend sehen, wobei er niemals davon ausgehen konnte, daß wir sie jetzt sehen würden. Warum hat er das den-

Die große Nacht im Eimer, 1962/63
Big Night Down the Drain
La grande nuit dans le seau
Öl auf Leinwand / Oil on canvas / Huile sur
toile, 250 × 180 cm
Köln / Cologne
Museum Ludwig

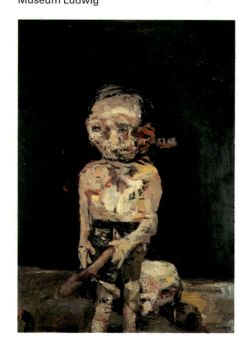

noch getan? Den Betrachter hat das Publikum erfunden, nicht die Maler. Nur die veränderte Zivilisation, der andere kulturelle Anspruch hat diese Bilder ans Licht gezogen.«
(Aus: G. Baselitz, »Das Rüstzeug der Maler«, 1985.)

Hier wird eine ungeheure Stille erfahrbar. So muß es bei einem guten Bild sein, nämlich still. Jenseits von dem Gefasel: Was ist Ästhetik? Wo beginnt eine Qualität? Was ist Selbständigkeit? Baselitz sagt dazu: »Nur Bilder zeigen die Verhältnisse, in denen wir uns befinden, sie sind Erfindungen ohne Wirklichkeitsvergleich, ohne Wahrheit. Sie sind ein subjektives Erlebnis oder davon bewegt.«

Pubertät

Berlin, 8. August 63
Lieber Herr W.!
Seit Ihrem letzten Besuch bei mir war ich krank, zwanzig terpentingetränkte Zigaretten täglich, Nitroverdünnung im Hals machen Kopfschmerzen und Schwindelgefühl. Das ganze Drum und Dran vor und hinter der Leinwand ist kotzelend. Diese Materie ist mir zuwider. Wer Mastixtränen und Farbpopel abtastet hat es leichter mit der Onanie. Ich habe noch meinen Handspiegel. Jedenfalls sitze ich auf dem Klo mit Kerzen am Hut, und G. liegt unbrauchbar auf dem Balkon. Zu meinen Bildern kann ich nichts sagen. Ich male, und das fällt mir nicht leicht – damit habe ich alles getan. [...].
Ihr G. Baselitz
P.S. B. hat noch kein Geld gebracht.

Es ist klar, daß ein junger Maler, Baselitz war 1963 25 Jahre alt, eine ästhetische Entscheidung zu treffen hat. Und die ästhetische Entscheidung, die er traf, hieß Aufbegehren. Die frühen Baselitz-Bilder lassen sich ja nicht verharmlosen. Das sind Anti-Bilder, Protestbilder. Dabei hatte er im Tachismus zunächst einmal für sich selbst eine ungeheure Chance gesehen. Also abstrakt gemalt. Bald merkte er aber, daß er viel zu schnell gewesen war. Was hatte er mit der Abstraktion zu tun? Nichts. Mit was hatte er wirklich etwas zu tun?
Lassen Sie mich zum Spaß sagen, der Mann in seinem Bild »Die große Nacht im Eimer« (1962/63; Abb. Nr. 21) ist vermutlich das Portrait von Jackson Pollock, denn solange keine Giraffe in den Weltraum fährt, ist die ganze Raumfahrt sowieso sinnlos.

»1965, als ich, verbunden mit einem Stipendium, nach Italien fuhr, da habe ich das erste Mal südliches Leben kennengelernt. Das hat mich angesteckt, und da habe ich aus Bewunderung Bilder gemalt: – Die Nazarener, die Italiendeutschen, sind mir gar nicht eingefallen. Denn die haben denselben Fehler gemacht. – Ich dachte, wenn der Zynismus da ist, mit dem ich arbeite – und der war bei mir da –, dann reicht das für ein gutes Bild aus. Aber das reichte eben überhaupt nicht aus.«
(G. Baselitz im Gespräch mit P. M. Pickshaus, 1990.)

Was Baselitz hier ablehnt, ist nicht einmal das einzelne Bild. Sondern er sieht selber, daß das Frühwerk allein nicht tragfähig ist: daß Protest eben nicht genügt. Und durch den Aufenthalt in Italien, die Kenntnis einer neuen Bilderwelt, die der Renaissance und die der Manieristen, nimmt er langsam diese Protesthaltung, das Schimpfen zurück.
Heute besteht sein Werk aus ca. 1100 Bildern, 6600 Zeichnungen und Aquarellen, 750 Graphiken und 33 Skulpturen.

Jackson Pollock, 1950

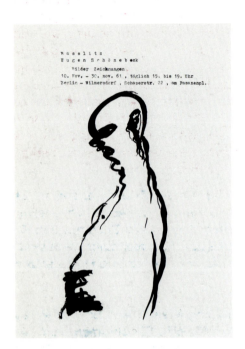

»Einladung«, 1961
»Invitation«/ »Invitation«
Schreibmaschine und Tusche auf Papier/
Typewriter and ink on paper/ Machine à
écrire et encre de Chine sur papier,
29,9 x 21 cm
Priv. Slg./ Priv. coll/ Coll. priv.

»Ich habe nach dem Aspekt der richtigen Tendenz meine Bilder bewertet. Wenn die Sache von der Leidenschaft, von der Überlegung, vom geistigen Zustand richtig war, dann ist sie auch grundsätzlich in Ordnung. Dann stimmt das Bild. Ich sage dann immer, abgekürzt für das Ganze, Tendenz. Wenn die Tendenz stimmt. Also, was die Partei sagt. Nicht?! Die richtige Partei. Ich bin ja in der DDR erzogen.«
(ebd.)

1966 veranstaltet der Galerist Rudolf Springer in Berlin die Ausstellung »Die großen Freunde«. Baselitz veröffentlicht das Manifest »Warum das Bild ›Die großen Freunde‹ ein gutes Bild ist!«.

»Das Bild ist ein Idealbild, ein Geschenk Gottes, unumgänglich – eine Offenbarung. Das Bild ist die fixe Idee der Freundschaft, aus der pandämonischen Verschanzung gezogen und auf dem Weg, wieder dorthin zu versinken –, laut biographischem Ratschluß. [...] Die Prinzipien des Bildes, Farbe, Aufbau, Form usw. sind wild und rein. Es ist rund an allen Ecken. Auf Leimruten wurde verzichtet. Es ist schwarz-weiß. Die Ornamente sind Schlüssel. Der Maler hat sich selbst unter die Hose geguckt und seine Ökonomie auf die Leinwand gemalt. Er hat es so weit gebracht, daß die Häschen in den Klee gegangen sind und die Entchen Federn ließen.
[...] Das Bild ist bar aller Zweifel. Der Maler hat in aller Verantwortlichkeit eine soziale Parade abgehalten.«
(Aus: G. Baselitz, »Warum das Bild ›Die großen Freunde‹ ein gutes Bild ist!«, 1966.)

In diesem Manifest zu den »Großen Freunden« versucht sich Baselitz freizustrampeln. Da wimmelt es im zweiten Teil von Diminutiven. Auf mich wirkt das ungeheuer kindisch, fast primitiv. Wahrscheinlich besitzt Baselitz diese Einfalt auch, und dieses Primitive interessiert mich. Wenn ich sage, das interessiert mich – oder wertfrei gesprochen, an Baselitz interessiert mich das Elementare –, dann eben im Sinne der »richtigen Tendenz«, der programmatischen Selbsterregung.

»Ich hatte immer ein bißchen Unbehagen bei dieser Überlegung, von wegen richtiger Tendenz. Trotzdem habe ich sie immer angestellt. Ich hatte Unbehagen dabei, weil ich schon damals bemerkt habe – zumindest bei den anderen Malern, die in der Tendenz richtig waren –, daß die Ergebnisse schlecht waren. Oder überhaupt keine mehr da waren. Da blieben die Ergebnisse ganz aus. Aber die Tendenz stimmte noch.«
(G. Baselitz im Gespräch mit P. M. Pickshaus, 1990.)

Hier kann man zum Beispiel an Baselitz' Freundschaft mit dem Maler Eugen Schönebeck denken. Die beiden haben 1961 zusammen ihre erste Ausstellung in Berlin, in der Schaperstraße 22, veranstaltet.

»In der Zwischenzeit ist mein Unbehagen ganz ungeheuer groß geworden, so daß ich das mit der richtigen Tendenz nicht mehr behaupten möchte, sondern jetzt möchte ich sagen: Viele Dinge sind möglich. Sogar meiner Meinung nach in einer gefährlichen oder falschen oder verlogenen Tendenz. Und trotzdem sind die Bilder gut. Es gibt wirklich etwas, was man nur als Qualität bezeichnen kann, was ein Bild ausmacht. Und nicht der richtige Glaube oder der gesellschaftliche Hintergrund oder was auch immer.«
(ebd.)
»Damals gab es ganz wenig Möglichkeiten, überhaupt ein Bild zu machen. Das muß man einmal richtig sehen. Und all die Dinge, die ich bis 1968 gemalt habe, sind als Provokationen zu verstehen. Die Gegenstände oder Motive

sind aus den Fingern gesogen, an den Haaren herbeigezogen. Und es gab auch für andere Maler keine anderen Möglichkeiten.«
(G. Baselitz im Gespräch mit J. Gachnang, 1981.)

Natürlich hatte Baselitz seine Ausbildungszeit. Mit 23 Jahren können Sie nicht an der Spitze stehen. Zu diesem Zeitpunkt hatte er vielleicht 30 Bilder gemalt, später hat er 300 Bilder gemalt, und am Ende werden es vielleicht 3000 sein. Wenn Sie Weltmeister im Weitsprung werden wollen, dann erreichen Sie mit dem ersten Satz auch nicht 8,40 Meter. Sondern Sie fangen mit 11 oder 12 Jahren an und erreichen 3,20 Meter. Jetzt kommen die Leute und wollen ein gültiges Bild von Baselitz haben. Und da es bei uns zuwenig Kunst gibt – die Leute reden immer, es gäbe viel Kunst, aber es gibt gar nicht so viel Kunst –, kauft man lieber von einem lebenden Künstler ein Frühwerk, bevor man überhaupt nichts in der Hand hat. Im Grunde genommen ist der ganze Kunsthandel ständig dabei, neue Türme zu bauen. Es werden nicht nur in Frankfurt Wolkenkratzer hochgezogen, es wird auch in der Kunstgeschichte an Wolkenkratzern herumgebaut. Also muß sein ganzes Frühwerk herhalten. Diese Ausplünderung ist ihm selbst zuwider.

»Wie gesagt, das Anliegen der Malerei als Malerei gab es damals nicht. Es war, als hätte sich die Pubertät bis weit über mein zwanzigstes Lebensjahr hinaus fortgesetzt. Man muß sich vorstellen, daß es beim Bildermachen für mich nicht möglich war, traditionell weiterzumachen oder einen traditionellen Anschluß zu suchen, ganz einfach die Arbeit eines anderen fortzusetzen oder eine Ergänzung zu schaffen.«
(ebd.)
»Ich glaube, daß das alles Schutzbehauptungen sind. Man benutzt sie so lange, wie man sie braucht. Aber sie sind falsch. Sie stimmen nicht. Je weniger ein Bild solche Tendenzen oder Strategien, die ja eigentlich nur dazu dienen, eine Macht zu befestigen, erkennen läßt, um so besser ist es eigentlich.«
(G. Baselitz im Gespräch mit P. M. Pickshaus, 1990.)

Ein Kunstwerk in seinem Wert kann nur ein Künstler bewerten. Ein Kunstwerk ansehen kann jeder, der an einer Ansicht interessiert ist. Ein Kunstwerk verstehen kann der, dessen Verstand begriffen hat, daß das Gesehene unwiderruflich ist. Da alle Bildwerke Vorstellungen zeigen, ist der Gedanke, was an diesen wahrscheinlich ist, das einzige, was den Betrachter gegen den Irrtum des Unwahrscheinlichen schützt.

Nichterwähnung und Isolation

Bis 1976/77 war die Nichterwähnung vordergründig. Es gab immer wieder Versuche, über ihn in Fachblättern zu publizieren, der eine oder andere Freund hat über Georg Baselitz geschrieben, doch letztlich gab es keine Öffentlichkeit. Ich hatte damals den Eindruck, die Branche, also die Kunstvermittler, die Museumsleute und die Kritiker, waren sich – ohne es öffentlich auszusprechen – einig, daß der Mann eigentlich gar kein Künstler ist. Ich kann mich erinnern, daß der Galerist Konrad Fischer in Düsseldorf seiner Kollegin Anny de Decker angedroht hat, sie dürfe nicht mehr auf dem Kunstmarkt ausstellen, weil sie 1970 in ihrer Galerie in Antwerpen eine Baselitz-Ausstellung gezeigt hatte.

»Selbstverständlich suchte ich den Applaus. Aber der konnte einfach nicht gegeben werden, weil meine Arbeiten nichts an Vereinbarung einhielten. Ich wehrte mich strikt gegen jede Form von Festlegung. Wenn man für ein

Aquarell eben nur jenes Papier oder diesen Pinsel benutzen darf, so versuchte ich genau das Gegenteil. Es war, als würden Sie auf ein Stück Glas eine Kohlezeichnung mit Bleistift machen wollen. Von hinten aufgezäumte, haarsträubende Unmöglichkeiten. Ich habe beispielsweise mal versucht – und entschieden verteidigt –, eine Kugel in Perspektive zu zeichnen, was absoluter Blödsinn ist. [...] Mein Verhältnis war... das zwanghafter Isolation. Alle Auftritte scheiterten am Unverständnis der Rezeption.«
(G. Baselitz im Gespräch mit H. P. Schwerfel, 1988.)

Soll ich Ihnen sagen, wer sich wirklich für Baselitz eingesetzt hat? 1966 sitze ich im D-Zug von Stuttgart nach Darmstadt und treffe HAP Grieshaber. Er wollte wissen, was ich mache. Und ich sagte ihm, daß ich mit Karl Ströher zusammenarbeite und ab und zu Georg Baselitz sehe. Daraufhin erzählte er mir, sie hätten den Kunstpreis in Baden-Baden juriert und ein neues Mitglied der Jury, ein junger Kunstprofessor aus Düsseldorf, Joseph Beuys, sei einen Tag zu spät gekommen. Nun war alles schon durchgesehen, und die Bilder, die ausgestellt werden sollten, standen oben, die, die ausjuriert waren, im Keller. Beuys' einzige Bitte sei gewesen, die ausjurierten durchschauen zu dürfen. Wobei er dann zwei Bilder rausgesucht und gemeint habe: Wenn das, was oben sei, ausgestellt werden solle, dagegen diese Bilder im Keller blieben, dann lohne es sich gar nicht, sich mit der Ausstellung zu beschäftigen. Die anderen Mitglieder der Jury hätten nicht klein beigeben wollen und ihre Auswahl verteidigt. Da Beuys aber neu hinzugekommen sei, habe man ihm schließlich zugestanden, die Bilder im Treppenhaus aufzuhängen. Und das waren zwei »Heldenbilder« von Georg Baselitz. Obwohl sich Beuys später nie mehr dazu bekannt hat – im Gegenteil manchmal in der Öffentlichkeit verbal gegen die Bilder von Baselitz aufgetreten ist –, hat er damals blitzartig erkannt, daß hier eine ganz wesentliche Kraft in Erscheinung tritt.

»Diese Situation der Isolation ist keine gewollte. Es ist eine Situation, die sich ergibt, wenn man irgendwann bemerkt, daß man an einer Sache arbeitet, die sehr spezialisiert ist, von der niemand etwas versteht. Diese Isolation ist keine Voraussetzung, von der man ausgeht, sondern das Ergebnis einer Arbeit und eines Denkens, das sich nicht an das anpaßt, was gerade gefordert wird.«
(G. Baselitz im Gespräch mit W. Grasskamp, 1984.)
»Die bürgerliche Isolation eines Künstlers war nie größer, seine Arbeit nie anonymer als jetzt. Das allerdings ist der Verrücktheit des Künstlers, seiner Verstiegenheit in ungeahnte Abstraktionen sehr förderlich.«
(Aus: G. Baselitz, »Vier Wände und Oberlicht oder besser kein Bild an der Wand«, 1979.)

Geschlecht als Haltung und Grußgesten

Inzwischen gibt es natürlich Leute, die für die frühen Bilder von Baselitz jeden Preis zahlen, die diese Bilder ungeheuer schätzen, ganz im Gegensatz zum Künstler. Es gibt auch Museen, die heute froh wären, wenn sie diese Bilder damals gekauft hätten. Das ist alles sehr verständlich. Denn das sind alles Menschen, die biographisch an diese – sagen wir mal – »Schwanzbilder« gebunden sind: »Der Acker« (1962; Abb. Nr. 17), »Der Haken« (1962; Abb. Nr. 15), »P. D. Stengel« (1963; Abb. Nr. 16) usw. Sie sind an der Wahrheit dieser Bilder interessiert und nicht daran, wie diese Bilder gemacht sind. Das heißt, die Leute haben ihren Protest selbst nicht ausleben können. Vielleicht, weil der Vater Jurist war oder sie Fabrikantenkinder sind. Weil sie in dieser gesellschaftlichen Zwangsjacke steckten, die ihnen keine persönliche Entfaltungsmöglichkeit gelassen hat, schätzen sie heute diese Bilder. Das ist biographisch. Diese Wertschätzung hat mit Kunst nichts zu tun.

»Das war lange Jahre mein Prinzip, eben mit solchen unsauberen Dingen zu arbeiten. Also mit unreinen, mit ungewaschenen Sachen zu arbeiten. Zunächst kam das einfach so. Dann habe ich das angenommen. Und als ich wußte, was es ist, habe ich es fast künstlich benutzt.
Für die Abstraktion auf Bildern ist es natürlich besser, man legt sich auf den Rücken und guckt in den Himmel. Da hat man den Raum, den Oberraum. Nicht den Innenraum. Das stelle ich fest, nachdem ich 50 Jahre alt geworden bin. Mit 20 war das damals überhaupt nicht mein Problem. Mein damaliges Problem waren weitgehend Reaktionen gegen etwas. Aggressionen. Von mir aus auch Abreaktionen. Da habe ich an solche Abstraktionsmöglichkeiten nicht gedacht.«
(G. Baselitz im Gespräch mit P. M. Pickshaus, 1990.)

Wenn man bei diesen Bildern über »Schwanzbilder« oder erigierte Glieder spricht, dann wird das Geschlecht hervorgehoben, dabei geht es um die Haltung. Das Geschlecht als Haltung. Die Haltung steht im Zentrum des Bildes. Nicht das Geschlecht. Sonst wäre keine Provokation mit diesen Bildern möglich gewesen. Hätte der Mensch von sich nicht diese Wahrnehmung, dann wären alle anderen Tätigkeiten sinnlos.

Tränenbeutel, 1963
Bag of Tears / Sac à larmes
Öl auf Leinwand / Oil on canvas / Huile sur toile, 100 × 80 cm
Sammlung Pippa Scott
Collection Pippa Scott

»Kunst wird, wenn überhaupt, nur von wenigen Menschen verstanden. Und die können sie nur verstehen, weil sie viele, sehr viele Bilder gesehen haben. Die haben damals dieses Anstößige wirklich nicht gesehen, wie ich es auch nicht gesehen habe. Ich habe es zwar benutzt als aggressiven Akt oder als Schock, aber für ein Bild! Nicht für den Inhalt.« (ebd.)

An Augen, Mund, Nase, Ohren trägt man das Geschlecht, sagt Georg Baselitz im Interview mit Isabelle Graw. Das ist eine tolle Aussage. Wenn Sie sich an die eigene Nase packen, ist das unter Umständen anregender, als sich an den eigenen Schwanz zu langen. Wenn wir davon ausgehen, daß der Mensch nicht nur ein sinnliches, sondern auch ein geistiges Wesen ist, dann versteht man, daß es Baselitz um die Haltung geht. Das andere ist ja nur ein angespannter Zustand.
Lassen Sie mich noch etwas anderes dazu sagen: Der Verführer Baselitz – und deshalb weist er heute diese Bilder zurück – ist damals letzten Endes selbst in der Rolle des Verführten gewesen. Er hat etwas bekanntgegeben, eine Haltung eingenommen, die nicht fest genug war, um sich vor Nachstellungen oder vor Zwiespältigkeiten zu schützen.

»Die vielen Tötungen, die ich täglich an mir erfahre, und die Schmähung, meine unmäßigen Geburten verteidigen zu müssen, führt zu einer Krankheit des Erfahrungsalterns.«
(Aus: Pandämonisches Manifest I, 1. Version, Oktober 1961, von G. Baselitz und E. Schönebeck verfaßt.)

Baselitz hat sich sehr weit vorgewagt, und das ist einer der Gründe, warum er den anderen gegenüber erfolgreich war. Ich habe mal überlegt, was wäre eigentlich passiert, wenn nichts passiert wäre? Wenn 1963 bei seiner ersten Einzelausstellung in der Galerie Werner & Katz »Die große Nacht im Eimer« (1962/63) und »Der nackte Mann« (1962) von der Berliner Staatsanwaltschaft nicht beschlagnahmt worden wären?
Er hatte ja bereits 1961 zusammen mit Eugen Schönebeck in der Schaperstraße 22 eine Ausstellung veranstaltet, zu der sie das »Pandämonische Manifest« herausgegeben hatten, und ich nehme an, daß er da viel eher eine

Reaktion erwartet hat. Keinen Skandal, aber in irgendeiner Form doch eine Reaktion. Aber es kam nicht ein Besucher in die Ausstellung.
Also Baselitz war damals Täter und Opfer, schuldig und trotzdem unschuldig. Das heißt, der Skandal mußte sich unbedingt ereignen, ob er wollte oder nicht. Es trug ihm nämlich sofort eine Publizität ein, auch ein Interesse, das ihn aus der Lokalität, der Regionalität in die Überregionalität hochgebracht hat. Dieser Widerspruch, dieses Mißverständnis ist im Grunde genommen der Flugapparat gewesen, der ihn in die richtige Region getragen hat. Und dennoch kann man so unschuldig sein und davon keinen Begriff haben.

»Diese Ausstellung war im umgekehrten Sinne genauso erfolgreich wie das Manifest, weil plötzlich durch falschgeleitete Zeitungsberichte und durch vollständige Mißverständnisse Publikum in die Galerie kam, das noch nie ein Bild gesehen hatte, das auch sonst nicht in Kunstgalerien ging und sich Bilder anschaute. Diese Leute waren sofort empört und entsetzt über das Gesehene. [...] Aber die Provokation war von mir aus nicht im entferntesten beabsichtigt. Sondern es ging darum, sich vom Tachismus abzusetzen, von der abstrakten Malerei. Gut, da gibt es sicher andere Mittel, aber meine Mittel waren eine Art von grober gegenständlicher Malerei, eine ganz einfache Schwarzweißmalerei, ergänzt durch ein Motiv, einen Inhalt, der den Forderungen entsprach, die im zweiten Pandämonium genannt wurden. Es war – wenn man so will – schon eine doppelte Provokation, aber nicht in dem trivialen Sinne, wie das verstanden wurde.«
(G. Baselitz im Gespräch mit J. Gachnang, 1981.)
»Sie machen den Fehler, daß Sie denken, bei dem ganzen Prozeß Bildermalen oder Skulpturenmachen spielt Reflexion eine Rolle. Wenn es sie geben sollte, ich habe sie nie benutzt. Ich habe damit nie gearbeitet. Selbst bei der ›Großen Nacht im Eimer‹ nicht.«
(G. Baselitz im Gespräch mit P. M. Pickshaus, 1990.)

Dieses Bild ist für mich auch das Vorbild für die gesamten Skulpturen, die Baselitz heute macht. Das erigierte Glied zeigt den Menschen im Zustand größter Erregung. Das ist etwas sehr Verletzbares. Auch eine Warnung ist dadurch möglich. Die Grußgesten seiner Plastiken sind letztlich auch nichts anderes. Man darf damit nichts anderes verbinden als die Figur, die dargestellt wird. Es handelt sich ja nicht um Plastiken von Arno Breker.

»Die Grußgesten, zum Beispiel, von denen schon die Rede war, sind extreme Haltungen, die abstrakt aussehen, die sehr künstlerisch sind, die aber mit Sinn geladen, niemals ausgedacht sind.
Jeder weiß, welche Faszination sie hervorrufen können. Wenn ich Bilder oder Skulpturen mache, nehme ich solche Haltungen. Ich kümmere mich nicht um den ausgetretenen Pfad.
[...] Das Entscheidende an dieser Geste, unter ikonographischen Gesichtspunkten also der gehobene Arm, der gekrümmte Rücken, der geneigte Kopf oder die offenen Augen, der offene Mund ... besteht darin, daß alle diese Haltungen keine Interpretationen brauchen. Wenn die Skulptur entsteht, muß das wie in der Malerei sein. [...] Es ist kein analytischer Prozeß, sondern ein aggressiver Akt als Basis der Arbeit.«
(G. Baselitz im Gespräch mit J.-L. Froment und J.-M. Poinsot, Januar 1983.)

1980 auf der Biennale in Venedig, als Baselitz seine erste Holzplastik vorgestellt hat, »Modell für eine Skulptur« (1979/80; Abb. Nr. 84), funktionierte die Konvention wieder einmal. Leute im dritten, vierten akademischen Grad witterten sofort Blut und schrien: »Hier ist etwas Aufregendes passiert: Hier kehrt der Hitlergruß in den von den Nazis errichteten Kunsttempel zurück.« Dabei sitzt da nur ein Mann, der die rechte Hand erhebt. Ein afrikanischer

Gefangener. Vom Stamm der Lobi. Aber da arbeitete die Dämlichkeit der Verführung wieder einmal zu.

Motivumkehrung

»Sie malen mehrere Jahre mit berauschtem Kopf ohne großes Ziel. Sie sind von sozialen, finanziellen und Krankheitsproblemen abhängig, und plötzlich stellen Sie fest, daß ihnen der Grund für ihre bisherigen Bilder entzogen ist. Ich mußte andere Bilder malen und habe sie auf den Kopf gedreht.«
(G. Baselitz im Gespräch mit Isabelle Graw, 1990.)

Mit den umgedrehten Bildern landete Baselitz einen Volltreffer. Die Diskussion um sein Werk, die 1963 mit dem Skandal der Berliner Beschlagnahmung kurzfristig aufgeblüht war, setzte wieder ein. Er stellte sie 1970 zum ersten Mal bei mir in Köln in der Lindenstraße aus, und es gab ein Riesengelächter. Mich ließ das kalt, denn entweder Sie akzeptieren einen Künstler, und dann akzeptieren Sie auch alles, was er macht, oder es hat keinen Sinn, mit ihm zusammenzuarbeiten.

»Bei mir liegt immer die Frage nahe, die jeder stellt: Warum steht es auf dem Kopf? Darauf kann man eine Antwort geben. Aber diese Frage führt nicht zu dem, was ich mache. Mich interessiert die Position, die ich habe, wenn ich mich extrem weit wegbewegen kann aus den Köpfen der Leute.«
(G. Baselitz im Gespräch mit Walter Grasskamp, 1984.)

Aber was hatte es 1969 mit der Motivumkehrung eigentlich auf sich? Sie kennen den Vorwurf, daß in der Moderne mangels zentraler Anliegen Marginalien ins Zentrum gerückt werden? Und da stellt sich die Frage: Ist die Bildumkehrung von Baselitz nur ein Trick, um in den Mittelpunkt der Aufmerksamkeit zu rücken? Und das ist eine Frage, die ich mir sogar selber gestellt habe.

»Vor den Bildern, die mit der Motivumkehr arbeiten, habe ich Bilder gemalt, die schon bestimmte Elemente dieser Malerei vorweggenommen haben, nicht in dieser Kraßheit und Eindeutigkeit. Das waren die Bilder, auf denen die figürlichen Motive fragmentiert worden sind und später frei über die Leinwand wanderten.
Wenn man aufhört, am Finger zu saugen und Motive zu erfinden, aber trotzdem Bilder malen will, dann ist die Motivumkehr die naheliegendste Möglichkeit. Die Hierarchie, in der der Himmel oben und die Erde unten ist, ist ja ohnehin nur eine Verabredung, eine, an die wir uns alle gewöhnt haben, an die man allerdings durchaus nicht glauben muß.
[...] Mir ging es einfach nur darum, eine Möglichkeit zu finden, Bilder zu machen, vielleicht mit einer neuen Distanz. Das ist alles.«
(ebd.)
»Wenn man das Motiv entleert von der Inhaltlichkeit – was für eine Art Inhalt das auch sein mag –, dann kann ich alles malen. Das war ja der Sinn der Umkehrung. Und das habe ich gemacht.«
(G. Baselitz im Gespräch mit P. M. Pickshaus, 1990.)

Denken Sie an Rubens' »Höllensturz der Verdammten« in der Alten Pinakothek in München, an die vielen umgedrehten Motive in den Bildern, seien es Spiegelungen im Wasser, oder an die Anekdote, daß ein Besucher im Atelier von Caspar David Friedrich eine Gebirgslandschaft als »Seestück« interpretiert, weil er nicht merkt, daß das Bild verkehrt herum auf der Staffelei steht. Da haben Sie die Bestätigung, daß die Motivumkehrung bei Baselitz keine

Giuseppe Arcimboldo:
Der Gemüsegärtner (Umkehrbild), c. 1570
The Vegetable Gardener (Invertible Picture)
Le Jardinier (tableau réversible)
Öl auf Holz / Oil on wood / Huile sur bois
35 × 24 cm
Cremona, Museo Civico

Marginalie ist. Man braucht nur die Augen aufzumachen, und sieht, daß das immer schon ein Thema in der Malerei war.

»Der Inhalt steckt im Motiv. Ich benutze das Motiv mit dem Inhalt als vorhandenes Bild in der Kunstgeschichte und versuche nicht, an Inhalten herumzudeuteln, sondern nehme die Bilder, die in der Kunstgeschichte existieren, ungefragt, so wie sie sind.«
(G. Baselitz im Gespräch mit Isabelle Graw, 1990.)

Baselitz saugt nicht am Finger, um Motive zu finden. Er will vielmehr darauf hinweisen, daß er sich im Bilderkanon der gesamten Kunstgeschichte befindet, den er gut kennt, will dem aber noch etwas hinzusetzen, dadurch, daß er sich wirklich als neuer Maler einbringt und von anderen als solcher identifiziert wird.
Es ist kompliziert, darüber mit Leuten zu sprechen und das zu erklären, weil es schwer ist, verbal mit diesem Malen eine Vorstellung zu entwickeln und zu vermitteln. Das schlimmste wäre, daß die Leute ein Bild anschauen wie eine Meißner-Porzellan-Tasse oder wie ein Juwel und sich am Glanz erfreuen, der – um es auf den Punkt zu bringen – mit ihrer eigenen Dumpfheit gar nicht in Verbindung gebracht werden dürfte.

»Mir mute ich alles zu. Anderen mute ich eigentlich nichts zu. Ich arbeite mit anderen nicht. Ich weiß nicht, was andere machen. Betrachter interessieren mich nicht. Das hat mich nie interessiert. Wie soll denn so eine konstruktive Arbeit am Bild aussehen, wenn sie in ein Programm eingebunden ist? Wenn sie diese Reflexion hat? Verstehen Sie, wenn ich mir den Betrachter versuche vorzustellen – ich bin ja selber einer –, was kann das sein, damit es dem etwas bringt? Es kann eigentlich nur so sein, daß er etwas sieht, was er noch nie gesehen hat. Dann bringt es ihm etwas. Also, was er mit Bewußtsein erlebt, wo er aber nie auf die Idee gekommen wäre, daß ihm das begegnet. So ungefähr muß ein Bild sein, daß das gar nicht vorbereitet ist in seiner Begegnungsmöglichkeit.«
(G. Baselitz im Gespräch mit P. M. Pickshaus, 1990.)
»Der Künstler arbeitet verantwortungslos. Seine gesellschaftliche Bindung ist asozial, seine einzige Verantwortlichkeit ist Haltung und diese der Arbeit gegenüber.«
(Aus: G. Baselitz, »Vier Wände und Oberlicht oder besser kein Bild an der Wand«, 1979.)

Weltmeisterschaft und Arbeit

Baselitz weist darauf hin, daß er arbeitet. Daß er in dieser Tätigkeit des Malens nur tätig sein will und außerhalb dieser Tätigkeit gar nichts anderes anstrebt. Der Mensch hätte keine Geschichte, wäre er Imitator.

»Ein Maler ist ein Maler. Ich sehe nur Bilder.«
(G. Baselitz im Gespräch mit Ulrich Weisner, 1985.)

Denken Sie an einen Boxer, der von sich sagt, es gehe ihm nur ums Boxen. Letztens sah ich ein Interview mit einem Schwergewichtsboxer, dem ging es um die Weltmeisterschaft. Wenn Baselitz von Malerei spricht, meint er den Begriff der Kunst, den Inhalt von Kunst.

»Den Apparat Venus, den Zeus, die Engel, Picasso haben die Maler erfunden, wie eben auch den Stier, das Brathuhn, das Liebespaar. Die Birnbaumpalette wurde zum Eimer, der Pinsel zum Messer, zum Beil und Knüppel. Die größten Bilder sind größer und die kleinsten kleiner denn je. Einer hat ein

Giuseppe Arcimboldo:
Der Gemüsegärtner (Umkehrbild), c. 1570
The Vegetable Gardener (Invertible Picture)
Le Jardinier (tableau réversible)
Öl auf Holz / Oil on wood / Huile sur bois
35 × 24 cm
Cremona, Museo Civico

Bild von 5 Zentnern gemalt. Ein Chinese ist im Handstand über die Leinwand gelaufen. Ein Norweger hat einen Birkenwald von 68 ha Größe auf 4 cm² Leinwand gemalt. So will ich ja nicht weiterreden. Die Hygiene, ich meine die Religion, wird eingesetzt. Eine Sache ist Disziplin, eine andere die Bildung und auch die Meditation.«
(Aus: G. Baselitz, »Das Rüstzeug der Maler«, 1985.)

Die Frage ist doch: Wie setzt sich seine Malerei ab von den Bilderfindungen, die in anderen Kunstwerken existieren? Da steht Baselitz mitten in der Arbeit. Jedes Bild, das er malt, jede Holzplastik, die er aus dem Stamm raussägt, wird die Sicht auf seine vorangegangene Arbeit verändern. Die Zeit wird kommen, da bin ich mir sicher, in der Georg Baselitz als Vollender erkannt wird.

»Es gibt ja eine Müdigkeit, eine Bequemlichkeit, die einkehrt, wenn man nur wiederholt. Und man muß immer in der Lage sein, dies durch neue Erfindungen zu durchbrechen, zu erweitern, durch Erfindungen neuer Ornamente. Sonst wäre die Kultur, die Ornamente erfindet, tot. Aber sie ist lebendig durch die ständige Erfindung und Erweiterung der Ornamentik. Das ist wie Fallstrickelegen für das Auge oder für den Geist. Und genau so verstehe ich Malerei. Zumindest die, die ich mache.«
(G. Baselitz im Gespräch mit W. Grasskamp, 1984.)

In der Herangehensweise verfährt Baselitz wie ein Arbeiter, der jeden Tag von vorne anfängt. Jeden Tag aufs neue beginnt.
Die wirkliche Gefahr liegt doch bei einem Künstler darin, daß er das Eigentliche seiner Arbeit zugunsten der einmal erreichten Bewunderung aufgibt. Sentimental wird. Sich an sein eigenes Werk anlehnt, seine Selbständigkeit verliert und steckenbleibt. Diese Sentimentalität gegenüber dem eigenen Werk hat Georg Baselitz radikal abgeschafft.

»Das Problem liegt darin, zu meiner Arbeit gehört das Nicht-Wiederholen-Wollen. Ich will nichts machen, was ich schon einmal gemacht habe. Sowohl über größere zeitliche Distanz wie auch im Bezug auf gestern. Sondern ich gehe immer davon aus, daß das, was ich gemacht habe, entweder ein Irrtum war. Oder nicht richtig war. Oder zu bezweifeln ist. Und daß es – sozusagen – besser werden muß. Daß es etwas anderes ist, was ich eigentlich will. Dabei purzeln hinten immer Bilder heraus. Oder Skulpturen oder Zeichnungen.«
(G. Baselitz im Gespräch mit P. M. Pickshaus, 1990.)

Das ist die Arbeiterhaltung. Und auch ein guter Priester, der wirklich etwas erreichen will, versucht nicht, Papst oder Bischof zu werden, sondern ein fähiger Arbeiter zu sein. Genau diese Haltung ist heute weitgehend verlorengegangen.

»Beim Arbeiten gibt es einen Prozeß: Sagen wir mal, ich habe eine Vorstellung oder eine Vision, eine Eingebung, und arbeite. Geht es gut, dann tritt jedesmal ein Punkt ein, wo ich etwas mache, wovor ich weglaufen kann, wo ich sage: ›Das warst Du nicht!‹ Trotzdem war ich's. Das sind dann gute Bilder. Meistens. Aber ich kann das nicht vorbereiten.« (ebd.)

1. Semester, Oberlatte und Zweifel

Es gibt Sachen, bei denen frage ich mich: »Was hat sich Baselitz dabei gedacht?« Daß manches ziemlich dämlich ausschaut, weiß er selber. Ohne Frage. Das ist auch notwendig. Dadurch öffnet sich der Blick wieder. Ein Vorgang, der bei ihm selbst beginnt. Soll er sich von Dritten, deren Ansprüchen und Erwartungen, in die Arbeit hineinpfuschen lassen? 1980 auf der Biennale in Venedig kam beispielsweise die vernichtende Kritik von Joseph Beuys: »Rundgang. Erstes Semester!« Da gab ich ihm zur Antwort: »Baselitz ist eben sehr lange im ersten Semester. Da kann man nichts machen.« Natürlich ist diese erste Holzplastik von Baselitz, »Modell für eine Skulptur« (1979/80, Abb. Nr. 84) mit Schwierigkeiten behaftet. Baselitz sieht sie selber auch nicht als Meisterwerk.

»Ich glaube eigentlich, daß die Skulptur ein kürzerer Weg als die Malerei ist, um das gleiche Problem auszudrücken, weil die Skulptur primitiver, brutaler und nicht so reserviert ist wie mitunter die Malerei. Die Heftigkeit der Polemik, die meine Skulptur von Venedig hervorrief, hat mir das bestätigt.« (G. Baselitz im Gespräch mit J.-L. Froment und J.-M. Poinsot, Januar 1983.)

In der Zeichnung gibt es bei Baselitz eine gewisse Dürftigkeit in der Linie, im Strich. Das sagt er selber. Er sieht selbst, daß er dieses Problem durch höchste Artistik nicht lösen kann.
Wenn Sie Stabhochsprung machen, und die Oberlatte liegt bei 5,30 Meter, Sie aber bloß 5,10 Meter schaffen, dann können Sie sich nicht den Oberschenkel verlängern lassen, damit Sie doch noch rüberkommen. Was bleibt einem dann übrig? Man kann eigentlich nur die Disziplin wechseln. Dann sollte man aber ein Fach finden, in dem die 5,10 Meter nicht verloren sind. Baselitz ist viel zu vital und viel zu kräftig, um die Zeichnung aufzustecken, aber auch, um immer nur auf 5,10 Meter hinzuarbeiten. Dann befände er sich unweigerlich in einer Sackgasse. Statt dessen übernimmt er die erreichte Höhe in ein anderes Medium. Das heißt, er macht Skulpturen. Statt einen Bleistift in die Hand zu nehmen, nimmt er die Motorsäge und kommt in die Dreidimensionalität.

»In der Bildhauerei gibt es einen aggressiven Prozeß mit der Säge, der dem Zeichnen entspricht. Es gibt ein lineares Signal.«
(ebd.)

Warum geht Baselitz auf die afrikanische Skulptur zurück, die er auch sammelt? Er sagt: Die ganze Frage »Skulptur« sei in Europa in einer Verstiegenheit zu Ende gegangen. Und hier komme ich wieder auf die Primitivität zu sprechen. Ein Wort, das negativ behaftet ist. Doch Baselitz schaltet in der europäischen Kulturgeschichte einen bestimmten Kunstanspruch regelrecht aus.

»Es interessiert mich nicht, die hochtrabende kulturelle Freiheit der europäischen Plastik anzuwenden, um etwas ›Besseres‹ zu machen. Wenn ich meine Malereien mache, fange ich an, die Dinge zu gestalten, als ob ich der erste wäre, der einzige, als ob es all diese Vorbilder nicht gäbe; obwohl ich natürlich weiß, daß es Tausende von Beispielen gegen mich gibt.«
(ebd.)
»Wenn Sie alle Zeichnungen nähmen, die am Strand gemacht werden, und diese fixieren würden, dann wäre das dem ähnlich, was ich in der Bildhauerei mache.«
(G. Baselitz im Gespräch mit W. Grasskamp, 1984.)

Baselitz sitzt mitunter stundenlang vor einer Holzskulptur, bevor er hingeht und ihr einen weiteren Hieb versetzt oder einen Schnitt macht oder was wegsägt. Oder sich entschließt, es dranzulassen. Bei Baselitz spielen die vier Wände eine große Rolle. Vier Wände, sagt Baselitz, machen einen Raum. Und die Dinge, die sich in diesem Raum befinden, würden miteinander korrespondieren. Er nennt das ein intimes Gespräch. Genau das sehen Sie auch seinen Skulpturen an.

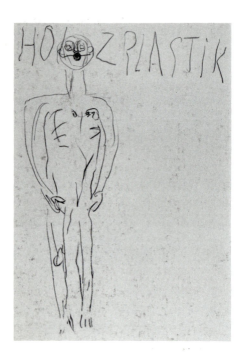

»HOLZPLASTIK«, 1983
»Sculpture in wood« / »Sculpture sur bois«
Bleistift auf Papier / Pencil on paper / Crayon
sur papier, 61 × 43 cm
Köln / Cologne
Courtesy Galerie Michael Werner

Baselitz sagt von sich, er arbeite mit Disharmonien, nach dem Prinzip der Unausgewogenheit, nach dem der Zerstörung. Das sehe ich überhaupt nicht. Denn er hat doch keine andere Wahl.
Was heißt zerstören? Was bedeutet das, »zerstören« – bei einem Künstler? Zerstören ist ein radikaler Begriff. Das heißt, etwas auseinanderhacken, kaputtmachen. Was zerstört ein Künstler letzten Endes?
Die Vorstellung, Baselitz würde sich für das Häßliche und gegen das Schöne entscheiden, ist absurd.

»Aber man fragt doch immer – ich frage mich nicht! –, aber die anderen fragen doch immer: ›Warum? Warum machst du das? Warum sieht das alles so gräßlich aus? Warum sind die Füße, die du gemalt hast, so furchtbar?‹ Dazu muß ich sagen, ich habe das nie so empfunden. Sondern ich bin beim Malen sehr sensibel vorgegangen – selbst wenn das Ergebnis gräßlich ist.« (G. Baselitz im Gespräch mit P. M. Pickshaus, 1990.)

Atelier Derneburg, 1983
Derneburg studio, 1983
Photo: Daniel Blau

Mit solchen Äußerungen stellt sich Baselitz gegen Erwartungen, die von der Gesellschaft an die Kunst herangetragen werden. Sehen Sie sich von Baselitz das »Nachtessen in Dresden« (1983; Abb. Nr. 116) an. Da kann mir niemand erzählen, daß das kein schönes Bild ist. Das führt umgehend zur philosophischen Frage: Was ist schön? Und machen Künstler überhaupt etwas, um etwas Schönes herzustellen?
Oder ist Schönheit ein großes Tor, durch das Tausende von Menschen widerspruchslos hindurchgehen, um sich der Sache der Künstler zu nähern? Vielleicht kann sich der Künstler in Gegenwart der Schönheit alles leisten, aber er kann nicht die Vermessenheit haben und sagen: »Ich mache etwas Schönes«. Im Gegenteil.

»Harmonie besteht aus Spannung. Bei einer Harmonie sind verschiedene Elemente nötig. Und wenn man diese Elemente in eine glückliche Beziehung zueinander bringt, dann stellt sich Harmonie ein. Der Weg dorthin ist aber – das kann gar nicht anders sein – nur über die Disharmonie zu erreichen. Alles das, was man sieht und als glücklich empfindet, entspricht diesem Gleichklang, diesem Harmonie-Empfinden. Aber man kann als Künstler nicht mit diesem Gleichklang arbeiten. Man kann dieses Harmonie-Ergebnis, das jemand entwickelt und erreicht hat, als Künstler nicht benutzen. Sondern man kann es nur insofern aufgreifen, indem man es zerstört. Es gibt Bücher darüber: Kandinsky, Malewitsch, Baumeister, Nay haben Theorien entwickelt mit dem Ziel, über diese Regie Harmonie zu erreichen. Das kann man lesen. Und wenn man es gelesen hat, kann man eigentlich nur Gegenteiliges machen, um auch zu Bildern zu kommen. Und das heißt, daß man diese Harmonien zerstören muß. Der Effekt der Zerstörung ist kurz, willkürlich und als Effekt nicht von Dauer. Von Dauer aber ist das Ergebnis, weil es eine neue Harmonie etabliert.«
(G. Baselitz im Gespräch mit Ulrich Weisner, 1985.)

Zulangen

Baselitz ist nicht aggressiv. Baselitz ist eher ein Pilz: eine Struktur ohne jede Festigkeit. Bilder wie »Die große Nacht im Eimer« (1962/63; Abb. Nr. 21) oder »Das Knie« (1963; Abb. Nr. 37) sind in Wirklichkeit Entfaltungen. Und sonst nichts. Er hat sie selbst erst mal erleben müssen. Im Grunde genommen läßt sich dieser Vergleich, diese »pilzhafte Durchdringung«, auf sein gesamtes Werk anwenden.
Die Bilder aus der Zeit der »Pandämonischen Manifeste« (1961 und 1962)

sind nicht zum Betrachten gemalt worden, sondern diese Bilder waren für Baselitz regelrechte Vorstellungen. Das waren Vergegenwärtigungen der eigenen Wahrnehmung, auch der Fragen: Was machst du als Mensch? Wo stehst du als Maler?

»Das Pilzhafte – das stimmt. Das ist eine gute Beobachtung. Dabei kommt das ja einer Selbstentleibung gleich, wenn ich jetzt sage: Das trifft auf mich zu. Ich habe keine Strategien. Das ist richtig. Ich habe andere Dinge: Biographie, Empfindungen oder Befindlichkeiten. Oder Herkunft. Dieses ganze vage Zeug. Aber keine Strategie, eine Antwort zu geben, etwas zu formulieren, etwas vorzubereiten, etwas einzuleiten. Nichts dergleichen.«
(G. Baselitz im Gespräch mit P. M. Pickshaus, 1990.)

Baselitz hat eine Bekanntschaft mit Markus Lüpertz. Da gibt es Bilder von Baselitz, die sind von Lüpertz beeinflußt. Ich kenne aber kein Bild von Lüpertz, das von Baselitz beeinflußt wäre. Baselitz hat sich eben die Bilder angeschaut und überlegt, ob er damit was machen kann. Und wo er zulangen kann, da langt er hin.

»Ich meine, wenn ich Bilder sehe, die mich begeistern, dann frage ich mich sofort: ›Ja, wenn sie dich begeistern, warum hast du sie dann nicht selber gemalt?‹ Die Bilder, die einen am meisten begeistern, sind immer die nächsten. Da gibt es ja regelrecht austauschbare Dinge. Da kann man aber schlecht so verfahren und sagen: ›Der hat es zuerst gemacht, und der hat es genommen.‹«
(ebd.)

Das Zulangen ist auch ein Beschützen. Das ist nicht nur ein Wegnehmen. Ist die Idee sehr gut, und nimmt man sie in das Werk auf, dann kann es sein, daß der andere, der die Idee aufgebracht hat, gar nicht die Stringenz besitzt, um sie überzeugend durchzuarbeiten und damit durchzusetzen.

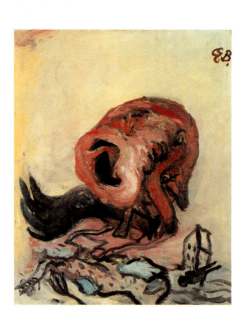

Ralfkopf, 1965
Ralf's Head / Tête de Ralf
Öl auf Leinwand / Oil on canvas / Huile sur toile, 100 × 80 cm
Priv. Slg. / Priv. coll. / Coll. priv.

Bodenständigkeit

Baselitz erbringt alle Gefährdungen. Da ist dieses Nicht-Intellektuelle, das ihm immer vorgeworfen wird. Von einem Künstler erwartet man heute regelrecht, daß er eine Strategie entwickelt, daß er eine Ästhetik besitzt, die praktisch wie ein Gebäude funktioniert. Und dieses Gebäude bekanntzugeben, lehnt Baselitz ab. In Wirklichkeit kann er aber über das Gebäude gar nichts sagen, weil er ständig an dem Bauwerk arbeitet. Denken Sie an die Sagrada Familia von Antoni Gaudí in Barcelona.
Gaudí hinterließ die Sagrada Familia unvollendet. Das Geld hat für die Vollendung seiner Kathedrale nie gereicht. Er selbst starb bei einem Verkehrsunfall 1926. Entscheidend ist aber, daß die Gesellschaft es auch hier nicht ertragen konnte, die Sagrada Familia in diesem unvollendeten Zustand zu belassen. Statt dessen haben sich andere an diesem Bauwerk vergriffen. Nimmt man den Begriff »Kirche« ernst, dann gibt es keine Kathedrale, kein vollendetes Bauwerk. Um »Kirche« zu begreifen, kann es nur eine Baustelle geben. Bei Baselitz geht es um Kunst. Erwarten Sie von einem lebenden Maler, der wirklich an seinem Haus arbeitet, daß er sagt: »Die Fenster werden grün, das Dach wird blau?« Das sind regelrechte Behinderungen.

»Ich weiß nicht, wie es anders gehen kann. Ich laufe ja nicht rum und frage: ›Was muß ich machen? Wofür? Wogegen? Was ist zu tun?‹ Sondern ich sitze da und werkle mit den Problemen, die sich ergeben haben aus dem vorherigen Problem und dem davor liegenden Problem. So schleppe ich über Jahre hin Dinge mit mir herum, die immer wieder auftauchen. Damit arbeite ich dann. Die muß ich klären. Aus denen werden Bilder gemacht. Aber einbezogen ist dabei weder eine positive noch eine negative Stimme. Gar keine!« (ebd.)

Das Spannende ist jedoch – und das ist eine induktive Schlußfolgerung von mir –, solange diese Fragen aufkommen: Wozu? Wofür? Wohin? Solange diese Lästigkeiten also im Raum stehen, wird damit bewiesen, daß diese Gesellschaft, ohne es wirklich zuzugeben, genau erkennt, in welchem Prozeß sich dieser Künstler befindet.

»Die ersten La-la-Laute und Punkt-Punkt-Komma-Strich sind sehr vehemente Schöpfungen für den, der sie macht. Das ist keine Theorie.« (Aus: G. Baselitz, »Das Rüstzeug der Maler«, 1985.)

Ich erinnere an den Vergleich mit dem Bauwerk. Baselitz ist im Begriff, dieses Haus zu errichten. Irgendwann einmal, wenn das letzte Bild gemalt ist und die letzte Skulptur gemacht wurde, ist dieses Haus fertig. Vorher kann das Haus einfach nicht fertig sein.

»Der Bauch spricht ohne Befehl von oben. Ich kann mir gar nicht vorstellen, Bilder zu machen, so wie viele Amerikaner es fordern: ohne die Seele auf die Leinwand zu kippen, ohne die Hose auszuziehen, ohne Tränen zu weinen und ohne die Faust zu zeigen, wenn Sie Versteck spielen wollen oder nur Versteck spielen können, weil Sie vielleicht ein Pornograph sind.
Ich bin immer im Verzug, weil mein Kopf in einer ganz anderen Weise mit sich fertig werden muß. Das, was da unentwegt beherrscht werden will, ist ganz anderer Natur. Ich kann mich auf solche Spekulationen nicht einlassen. Ich habe keinen Raum dafür. Das ist das Problem.«
(G. Baselitz im Gespräch mit Isabelle Graw, 1990.)

Was Baselitz der Kritik verdächtig macht, warum er von ihr sogar denunziert wird, ist sein dogmatisches Bekenntnis zur Kunst des Gegenständlichen. Hier läuft er dem amerikanischen Bildhauer und Minimalisten Donald Judd ins offene Messer. Judd sieht die Ideologie der Größe, des Heroischen, auf seiten des Konservatismus. Für ihn ist die »neoexpressionistische« Malerei von Georg Baselitz rückständig. Da gilt Baselitz als unintellektueller Künstler, weil er im Sinne eines Programms, einer Strategie keine Aussage macht. Baselitz geht es vielmehr darum, den Gegenstand seiner Arbeit durch die Tätigkeit selbst zu erfassen. Das trifft, wenn nicht auf Unverständnis, auf Verständigungsschwierigkeiten. Den Amerikanern ist das Kunstwerk ein gesellschaftliches Ereignis. Den Europäern ist das Kunstwerk eine Weltanschauung.

»Insofern ist das ein Dilemma mit der Bodenständigkeit. Aber das ist nun mal so. Und das ist auch der Hauptpunkt, den ich in meiner Züricher Ausstellung entdeckt habe: Programmatisch kann man als Künstler gar nicht international sein. Ich wüßte gar nicht, wie man das anfängt.«
(G. Baselitz im Gespräch mit P. M. Pickshaus, 1990.)

Ohne Rüstzeug und Talent

»Der Erfinder des großen Theaterbühnenscheinwerfers ist Velázquez. Ich bin bei seiner Beleuchtungsprobe weggelaufen. Bei so gebündeltem Licht wird mir schwindelig. Vielleicht war das Weglaufen ein Fehler, denn nun fehlt mir dieses Rüstzeug. Ich muß den Farbbrei mit einem Seil zusammenziehen.« (Aus: G. Baselitz, »Das Rüstzeug der Maler«, 1985.)

»Ich sage ›seriöse‹ Arbeit, das ist vielleicht wirklich das falsche Wort. Aber ich meine diese kontinuierliche, additive Arbeit am Bild. Von Tag zu Tag. Das man sich wirklich etwas erarbeitet. Also einer tut nichts anderes als jeden Tag zeichnen. Das, was er vor sich sieht; das, was er erlebt; das, was er sich ausdenkt. Das skizziert er in Büchern. Und da hat er über viele Jahre ein Vokabular entwickelt. Das ist natürlich ein Fundament für Bilder. Damit kann er arbeiten. Das kann er benutzen. Das ist wie ein Logbuch. Da kann man nachschlagen. Wie ein Kranker, der über viele Jahre Tagebuch führt und Zustände in der Vergangenheit ablesen kann: Was er eingenommen hat, wie er damit fertiggeworden ist usw.

Nur ich habe es nie gekonnt. Und ich habe es nie gewollt. Meine Arbeit ist vollständig anders geartet. Und deshalb sage ich: »Ich habe kein Talent«. Bei mir liegt es am Talent. Ich kann, wenn ich mir gegenüber etwas sehe, mich nur zwingen und das notgedrungen abzeichnen. Also einen Stuhl zeichnen, weil ich den gerade brauche. Aber ich kann nie davon ausgehen, daß das eine gute Zeichnung wird oder im künstlerischen Sinne eine brauchbare Zeichnung. Sondern nur eine Zeichnung, die ich machen muß, weil ich das Ding dann umkehre. Da brauche ich ja einen Anhaltspunkt. Aus solchen Gründen mache ich das. Das ist aber nicht diese ›seriöse‹ Arbeit, die zu Bildern führt. Sondern die passiert unter ständigem Hickhack, Abbrechen – in Konfusion. Und das ist sozusagen mein Programm geworden. Das ist nicht konstruktiv, sondern mehr biographisch oder charakterlich.«
(G. Baselitz im Gespräch mit P. M. Pickshaus, 1990.)

Es gibt in der Kunst den sehr interessanten Begriff der Imitation, der Nachahmung. Und es gibt sehr feinfühlige Menschen, denen selber nichts mehr einfällt, die auch keine großen Künstler sind, die aber in diesem Bereich tätig werden. Und die glauben dann, weil eine große Wahrheit in den Bildern existiert, sie müßten sich dieser Wahrheit anschließen. Etwas Eigenständiges können sie aber nicht dazu liefern.

»Es gibt eine Tradition des Naturstudiums für Künstler, die beginnt in aller Regel in der Schule im Zeichenunterricht, und diese Orientierung fußt auf der Zeichnung von Raffael. Auf dieser Art von Naturalismus. Das ist die Regel. Und diese Regel beherrsche ich nicht. Das meine ich mit Talent. Sonst nichts! Also ich kann nicht etwas, was ich sehe, à la Raffael mit Bleistift auf ein Stück Papier übertragen. Ich kann es sozusagen nur radebrechend. Das ist ein Handikap für einen Maler.

Andererseits müssen Maler keine Interpreten sein. Verstehen Sie, das ist eine ganz andere Sparte. Nun gibt es leider in der Malerei nicht diese Sparte der Interpreten wie in der Musik. Leider. Denn sonst würde man viel leichter aussortieren können: Dieser Maler ist ein Interpret, und der ist ein Erfinder.«
(ebd.)

Talentlosigkeit ist richtig. Aber bei Baselitz muß man vorsichtig sein. Der gibt Auskunft, und erst, wenn die Auskunft hinterfragt wird, ist man unterrichtet. Zum Genie brauchen Sie nämlich kein Talent!

Biographischer Ratschluß

»Wenn ich zurückgucke, sehe ich, ich habe fünfhundert Bilder gemalt. Bin ich dann in einer großen Ausstellung von mir und sehe eine Reihe Bilder aus 20 Jahren, dann stehe ich daneben und denke: ›Eigenartig. Was ist das eigentlich?‹ Nicht?! Ich weiß das dann nicht mehr und finde mich da nicht rein. Ich stehe da, wie in einer fremden Ausstellung. Und wenn ich schon

Atelier Derneburg, 1987
Derneburg studio, 1987
Photo: Daniel Blau

diese Fremdheit habe, muß ich überlegen: ›Wo stehe ich denn? Ist das überhaupt Malerei? Wo gehört das hin? In welchem Kontext kann man das sehen? Ist das alles Unsinn? Oder wo gehört das hin?‹ [...] Und es bildet sich in der Ausstellung ab, was das für einer ist, der das alles gemacht hat – dieser Maler.«
(ebd.)

Ich frage mich zum Beispiel, warum gibt es kaum Kinder in seinem Werk? Oder warum gibt es in einer seiner ersten Tuschezeichnungen ein Kreuz, und da ist ein Herz drin? Das sind biographische Bezüge, die im Grunde genommen ganz verborgen sind.

Atelier Derneburg, 1985
Derneburg studio, 1985
Photo: Daniel Blau

»Da meint Dahlem letztlich, ich hätte etwas in Reserve, was ich nicht aufdekken will. Das ist so falsch. Wenn das so wäre, würde ich mich mit Spekulationen umgeben. [...] Ich habe natürlich alle Dramaturgie benutzt, die man benutzen kann, wenn man ein Bild malt. Aber diese seelischen Hintergründe sind vollständig belanglos. Die klären nämlich nichts.«
(ebd.)

Baselitz gibt ja keine Auskunft in seiner Biographie oder in seinen Interviews, welche zeitgeschichtlichen Ereignisse ihn zur Reflexion, zum Nachdenken oder zu einer Pro- bzw. Antihaltung bewogen haben. Das muß aber dagewesen sein. Irgend etwas muß er wahrgenommen haben. Wir werden doch alle miteinander ständig, täglich von irgend etwas – zum Beispiel von Nachrichten – beeinflußt. Bei Baselitz werde ich aber nicht fündig. Bei ihm gibt es keinen aktuellen Bezug. Nicht ein Ereignis, nicht ein weltgeschichtliches Ereignis spielt in seinen Aussagen eine Rolle.

»Unlängst fragte mich jemand, der einen Text schrieb über die neuen Skulpturen, die ich in diesem Jahr gemacht habe, ›Die Frauen in Dresden‹: Ob die etwas mit dem Angriff auf Dresden zu tun haben. Er empfand auch, daß sie schmerzgeplagt und gräßlich aussehen. Verstehen Sie, da kann man dann gar nicht mehr antworten.«
(ebd.)

Was Baselitz in meinen Augen verletzlicher macht, muß nicht unbedingt mit der damaligen Zeit in Zusammenhang stehen. Es ist doch der ganzen Generation so gegangen. Wir sind ja im Grunde nicht durch die geistige Entwicklung in diesem Land geprägt worden, sondern bestimmt hat uns die Fragwürdigkeit der geistigen Entwicklung. Was dabei zurückbleibt, ist das provinzielle Klima, das damals herrschte und sich heute noch viel dicker ausgebacken hat. Wenn das Sehen ein Zustand des Erkennens ist, dann sind die, welche die Blindheit als das kleinere Übel jeder Erkenntnis vorziehen, nicht in der Lage, etwas Eigenes mit diesem Verzicht in Verbindung zu bringen. Sie sind die Ärmsten der Armen. Was für ein Vorteil wäre das für solche, wäre das Unveränderbare ihr gemeines Bewußtsein?

»Es gibt natürlich Dinge, die das Hose-Runterlassen gar nicht zulassen. Die das einfach verbieten, einem selbst verbieten. Vielleicht hat das mit der Erziehung zu tun. Ich denke, das ist der Hauptgrund. [...] Bildermalen ist ja auch eine Form von Reaktion. [...] In einem Manifest habe ich früher mal gesagt: ›Biographischer Ratschluß‹, 1963. Und das muß ein visionärer Spruch von mir gewesen sein. Denn es ist wirklich so. Wenn ich anders geboren wäre, woanders geboren wäre, unter anderen Voraussetzungen geboren wäre, hätte ich ganz sicherlich glücklichere Bilder machen können.«
(ebd.)

Franz Dahlem, Sinzig, 1. November 1990

An Imaginary Conversation between Baselitz, Dahlem and Pickshaus

Picture-book

»Seeing is a state of knowing«

A picture-book? That's fine: I don't mind looking at picture-books. But I don't like reading, and I don't want to write anything. It seems to me that describing pictures is a waste of time. A reproduction of the picture, the dimensions and the date – that's quite enough. What can one say about the work of Georg Baselitz?

»The perplexity to which art gives rise cannot be overcome by turning it into a mediator, by thinking of it as something useful and trivializing it. Art contains no information...the only way of using it is to look at it.«
(G. Baselitz, »Vier Wände und Oberlicht oder besser kein Bild an der Wand«, 1979)

Georg Baselitz has no need of self-justification. But the people who sound off about his art are constantly pressurizing him into discussing his work. Since the interpreters' questions are designed solely to justify their own position, the literature about him is entirely useless.

»There is no correspondence whatever with any kind of public. The artist asks no questions and makes no statements. He communicates nothing: no messages, no opinions, no information. Hence his work has no need of interpreters.«
(Ibid.)

Politicians misuse the discussion of art by attaching such enormous importance to the numbers of people who throng into the museums. I can remember visiting museums in the 1950s and 60s precisely because they were so quiet. There was nobody there. The attendants played cards all day. Was it not gloom, disappointment, sadness, even hopelessness which ended our inherited life and discharged us into the fearless condition of our own existence?

»The dead need the best pictures: that is art history... Are pictures actually even visible to other people?...The tombs of the Etruscans and the Egyptians are completely dark: you can't see the pictures at all. The painter painted pictures that nobody sees. On the other hand, we can now see for ourselves that Renoir didn't make a hash of the Tomb of Priscilla, although he could never have counted on our being able to see it today. It was the public, not the painters, who invented the viewer. These pictures have only been brought to light by cultural change, by new cultural demands.«
(G. Baselitz, »Das Rüstzeug der Maler«, 1985)

Here it becomes possible to experience the immense silence. That's the way good pictures have to be: silent. Putting all the blather aside. What is aesthetics? Where does quality begin? What is independence? Baselitz says: »Only pictures show our actual condition. They are inventions which cannot be compared with reality; they have no truth. They consist in, or are impelled by, a subjective experience.«

Puberty

Berlin, 8 August 1963
Dear Herr W.
Since your last visit I have been ill. Twenty turpentine-soaked cigarettes a day and paint thinner in my throat give me a headache and make me feel dizzy. All this messing about in front of and behind the canvas: it makes me sick as a dog. I hate this material. Forget about fingering mastic tears and snotty gobs of paint: it's easier to masturbate. I still have my hand-mirror. Anyway, I'm sitting on the toilet with candles on my hat, and G. is lying useless on the balcony. There's nothing I can say about my pictures. I paint, which is far from easy, and that's all I can do.[...]
Yours, G. Baselitz
P.S. B. still hasn't brought any money.

It is obvious that a young painter – in 1963 Baselitz was 25 – has to make some sort of aesthetic decision. He decided to rebel. It is impossible to play down the ferocity of Baselitz's early pictures. They are anti-pictures, protest pictures. Initially he had seen tremendous potential in Tachisme, so he painted abstracts. But he soon realized that he had been far too hasty. What did he have in common with abstraction? Nothing. What, indeed, did he really have in common with anything?
Let me say, just for the fun of it, that the man in Baselitz's painting »Die grosse Nacht im Eimer« (Big Night Down the Drain, 1962/63; plate 21) is probably a portrait of Jackson Pollock. Space travel is useless until we send a giraffe into orbit.

»In 1965, when I went to Italy on a scholarship, I encountered life in southern Europe for the first time. I found it infectious, and I painted a number of pictures out of sheer admiration. I didn't think of the Nazarenes, the German painters who lived in Italy. They made the same mistake. I thought that the cynicism with which I worked – and I certainly was cynical – would be enough to make a good picture. But it wasn't, not by any means.«
(G. Baselitz: interview with P. M. Pickshaus, 1990)

What Baselitz rejects here is not the individual picture. Instead, he himself realizes that his early work couldn't stand up on its own. Protest alone isn't enough. As a result of his stay in Italy, which enabled him to discover a new world of images, the world of the Renaissance and Mannerism, he gradually abandoned this attitude of protest and stopped kicking against the pricks. Today his oeuvre comprises approximately 1,100 paintings, 6,600 drawings and watercolours, 750 prints and 33 sculptures.

»I have always evaluated my pictures by asking whether they tend in the right direction. If the passion, the idea, the mental state behind it is right, then the picture is okay. I always speak of the ›tendency‹, as a way of putting the whole thing in a nutshell. The tendency has to be correct. What the party says, goes. The party line. After all, I was brought up in the GDR.«
(Ibid.)

Große Nacht, 1962
Big Night / Grande nuit
Bleistift and Aquarell auf Papier / Pencil and watercolour on paper / Crayon et aquarelle sur papier, 63 × 48 cm
Priv. Slg. / Priv. coll. / Coll. priv.

In 1966 the dealer Rudolf Springer organized an exhibition in Berlin, under the title »Die grossen Freunde« (The Great Friends). On this occasion Baselitz published his manifesto »Warum das Bild ›Die grossen Freunde‹ ein gutes Bild ist« (Why the Picture »Die grossen Freunde« Is a Good Picture).

»The picture is an ideal image, a gift from God, unavoidable – a revelation. The picture is the idée fixe of friendship dragged up from the pandemonious entrenchment and on the point of sinking back there once again – by biographical decision. [...]
The principles of the picture – colour, structure, form etc. – are wild and pure. All its corners are round. Lime-twigs were dispensed with. The ornaments are keys. The painter has looked inside his own trousers and painted their economy on the canvas. He has carried it so far that the bunny-rabbits have gone into the clover and the ducklings have lost a few feathers.
[...] The picture is beyond all doubt. Fully aware of his responsibility, the painter has staged a social parade.«
(G. Baselitz, »Warum das Bild ›Die grossen Freunde‹ ein gutes Bild ist«, 1966)

In this manifesto Baselitz tries to kick over the traces completely. The second part is teeming with diminutives. It strikes me as terribly childish, almost primitive. But Baselitz probably is somewhat simple-minded. And this primitive – or, to use a less loaded term, »elemental« – quality of his work interests me: elemental in the sense of the »correct tendency«, of programmatic self-stimulation.

»I alway felt a bit uneasy about this notion of the correct tendency. Nevertheless, I clung to the idea. I felt uneasy because I realized that – at least with other painters whose tendency was correct – the results were poor. Or there were no results at all. But the tendency was still right.«
(G. Baselitz: interview with P. M. Pickshaus, 1990)

One is reminded here of Baselitz's friendship with the painter Eugen Schönebeck. In 1961 the two artists held their first joint exhibition in Berlin, at 22 Schaperstrasse.

»In the meantime, my sense of unease has become so acute that I would no longer want to defend that idea of the correct tendency. These days I would say: many things are possible. Even, I think, if the tendency is dangerous or wrong or phoney. The pictures can still be good. There really is a certain something – I can only call it quality – which constitutes a picture. It's not a question of the correct beliefs or the social context or whatever.«
(Ibid.)
»At that time there were very few possible ways of making pictures at all. You have to realize that. And all the things I painted up to 1968 have to be seen as provocations. The objects or motifs were invented out of thin air, completely fabricated. For me, and for other painters as well, there was no other way.«
(G. Baselitz: interview with J. Gachnang, 1981)

Of course, Baselitz had to serve his apprenticeship. You can't be top of the league at the age of 23. By that point he had painted about 30 pictures; later he painted 300, and the final total could be as high as 3,000. If you want to be a world-champion long-jumper, you don't start off with a jump of 8.40 metres. You begin at the age of eleven or twelve with 3.20 metres.
But now people come along wanting a »good« Baselitz. And since there isn't enough art to go round – people are always saying there's such a lot of art, but in fact there isn't all that much – they would rather buy an early work by a living artist than go away empty-handed. The whole art business is con-

stantly building new skyscrapers. There are high-rise buildings going up all the time in Frankfurt, but art history too has its tower blocks. Hence the plundering of Baselitz's early work, something which he himself hates.

»At that time, as I said, there was no concept of painting as painting. It was as if, for me, puberty had extended well past my twentieth birthday.
You have to understand that it was impossible for me to carry on painting in a traditional way or look for a connection with some sort of tradition. There was no way of continuing in someone else's footsteps or supplementing their work.«
(Ibid.)
»I think those arguments deliberately evade the issue. People use them for as long as they need them. But they are false. They are wrong. Tendencies or strategies of that kind only serve to reinforce some kind of power: the less of them one finds in a picture, the better it is.«
(G. Baselitz: interview with P. M. Pickshaus, 1990)

Only an artist can assess the worth of a work of art.
Anyone who is interested in looking can look at a work of art.
A work of art can be understood by anyone whose intelligence has grasped the fact that what he sees is irrevocable.
Since all pictures show ideas, thinking about the element of probability in these ideas is the only thing which protects the viewer from the error of improbability.

Neglect and Isolation

Until the mid-1970s Baselitz was seldom mentioned. People kept trying to get things about him published in art magazines, his friends wrote occasional articles about him, but the public took no notice. At that time it seemed to me that the art world – the museum curators, the critics and so on – had come to a unanimous, albeit covert agreement that the man simply wasn't an artist. I remember that the Düsseldorf art dealer Konrad Fischer threatened to exclude his colleague Anny de Decker from the Kunstmarkt because she had held an exhibition of Baselitz's work at her gallery in Antwerp in 1970.

Der Hirte, 1965
The Shepherd / Le berger
Öl auf Leinwand / Oil on canvas / Huile sur toile, 162 × 130 cm
Priv. Slg. / Priv. coll. / Coll. priv.

»Of course I was looking for applause. But there was no question of getting it, because my work broke with all the conventions. I rebelled against all forms of restraint. If people said you could only use this kind of paper or that brush for a watercolour, I tried to do exactly the opposite. It was like trying to do a charcoal drawing with a pencil on a piece of glass: hair-raisingly impossible, putting the cart before the horse. On one occasion, for example, I tried to do a perspective drawing of a sphere, which is absolutely ludicrous, but I defended it staunchly. [...]
My condition ... was one of obsessive isolation. All my public appearances failed because nobody who saw my work understood it.«
(G. Baselitz: interview with H.P. Schwerfel, 1988)

Shall I tell you who really took up the cudgels for Baselitz? In 1966 I was sitting in a train, travelling from Stuttgart to Darmstadt, and met HAP Grieshaber. He asked me what I was doing. I said that I was working with Karl Stroher and that I occasionally saw Baselitz. Whereupon he told me that when they were judging the entries for the art prize in Baden-Baden, a new member of the jury, a young professor of art from Düsseldorf called Joseph Beuys, had arrived a day late. Everyone else had finished looking through the pictures; the ones which were to be shown were upstairs, and the rejects were in the basement. The only thing Beuys wanted to do was to see the rejects. He picked out two pictures and said: if the stuff upstairs is going on show and these pictures are to stay in the basement, then there's no point in bothering with the exhibition. The other members of the jury were determined not to give in without a fight and defended their selection. But since Beuys was new to the jury, they finally allowed him to hang the pictures on the staircase. The works in question were two of Baselitz's »Hero« pictures. Beuys never acknowledged Baselitz's work again: on the contrary, he attacked it in public several times. But on that occasion, in Baden-Baden, he instantly realized that a major new force was emerging.

»This isolation isn't an intentional thing. It's a situation which arises when you realize somewhere along the way that you're working on something which is very specialized and which nobody understands. Isolation isn't a point of departure, something you start out with: it's the result of a kind of work and a way of thinking which refuse to fit in with other people's demands.«
(G. Baselitz: interview with W. Grasskamp, 1984)
»The artist has never been more isolated from society than at present; his work has never been more anonymous. However, this is highly conducive to madness and eccentricity: it helps the artist to create hitherto undreamed-of abstractions.«
(G. Baselitz, »Vier Wände und Oberlicht oder besser kein Bild an der Wand«, 1979)

Sex as Attitude, and Gestures of Greeting

Nowadays, of course, there are people who are willing to pay any price you care to name for an early Baselitz. Unlike the artist himself, they really appreciate these pictures. And there are plenty of museum directors who wish they had bought the pictures twenty years ago. To me, this is entirely understandable. These are all people whose biography is bound up with what one might call the »prick pictures«: paintings such as »Der Acker« (The Field, 1963; plate 17), »Der Haken« (The Hook, 1962; plate 15) and »P.D. Stengel« (P.D. Stalk, 1963; plate 16). What interests them is the truth of these pictures, not the details of how they were painted. These people were unable to act out their feelings of rebellion. Their fathers were lawyers and factory-owners: they were straitjacketed by a society which left them no scope for personal development. That may be why they like these pictures today. It's all biographical. Their opinion of the paintings has nothing to do with art.

»For many years I followed the principle of working with things that were unclean, impure, unwashed. Originally it happened by chance, but then I accepted it. And when I knew what it was, I used it in an almost artificial way. With abstraction, of course, it's better if you lie on your back and stare at the sky. There you have space, the space above. Not the space inside. I say that now, having reached the age of fifty. When I was twenty, it wasn't a problem. My main problem then was reacting against things. Aggression. Or, if you like, working off my frustrations. At that time, I never thought about the possibilities of abstraction.«
(G. Baselitz: interview with P. M. Pickshaus, 1990)

When people talk about these »prick pictures«, they emphasize the organ itself. But the important thing is the attitude. The genitals represent an attitude, and it is this, not the organ, which stands in the centre of the picture. Otherwise the pictures wouldn't have been provocative.

»Art is understood, if at all, by very few people. And they can only understand it because they have seen lots and lots of pictures. At that time, neither they nor I saw this offensive element. I used it as an aggressive act or a shock, but it was for the picture, not the content.« (Ibid.)

In an interview with Isabelle Graw, Baselitz declared that people wear their sex in their eyes, their mouth, their nose, their ears. It's a wonderful idea. Fingering your own nose can be more exciting than playing with your prick. Working on the assumption that man is not only a sensual but also a spiritual being, one realizes that Baselitz is primarily concerned with the attitude. The other thing is merely a state of tension.
Let me add that Baselitz, the seducer, was at that time cast in the role of the victim. He himself was seduced, which is why he now rejects these pictures. He adopted an attitude which was not sufficiently uncompromising to protect him against persecution or conflicts.

»The many killings which I endure every day and the ignominy of having to defend my immoderate productions lead to an illness of the ageing of experience.«
(G. Baselitz / E. Schönebeck, »Pandämonisches Manifest I«, 1st version, October 1961)

Kummerkopf, 1962
Head Full of Worries / Tête à chagrin
Öl auf Leinwand / Oil on canvas / Huile sur toile, 100 × 80 cm
Sammlung Kleihues / Collection Kleihues

Baselitz stuck his neck right out, and that is one of the reasons for his success. I sometimes wonder what would have happened if, as it were, nothing had happened: if the public prosecutor had not stepped in and confiscated »Die grosse Nacht im Eimer« (Big Night Down the Drain, 1962/63) and »Der nackte Man« (The Naked Man, 1962) when Baselitz had his first exhibition in 1963 at the Galerie Werner & Katz in Berlin.
In 1961 he had already staged an exhibition, together with Eugen Schönebeck, at 22 Schaperstrasse; it was in connection with this show that he and Schönebeck published the »Pandemonium« manifesto. I assume that he expected more of a reaction on this occasion than when the 1963 exhibition was held. Not a public scandal, but at least some kind of response. But not a single soul came to see the show.
At that time, Baselitz was both perpetrator and victim, guilty but nevertheless innocent. The scandal had to happen, whether he wanted it or not. It brought instant publicity and attracted a degree of interest which made him into a national, rather than a regional or merely local figure. This misunderstanding was the vehicle which put him in the right place. But it is possible to be entirely innocent and have no idea of what you are doing.

»In the opposite sense, that exhibition was just as successful as the manifesto. All of a sudden, as a result of misleading articles in the press, people started coming into the gallery who had never seen a painting before, who otherwise never went to galleries and looked at pictures. It was all a complete misunderstanding. These people were outraged and horrified by what they saw. [...] But I had never intended to be provocative. My aim was to distance myself from Tachisme and abstract painting. Okay, there are other possible ways of doing that, but the method which I chose was a kind of crude figurative painting, a simple black-and-white form of painting, supplemented by a motif, a type of content which met the demands of the second Pandemonium manifesto. It was, if you like, a dual provocation, but not in the trivial way that people saw it.«
(G. Baselitz: interview with J. Gachnang, 1981)

Skulptur, 1983
Scupiture
Bleistift und Gouache auf Papier / Pencil and
gouache on paper / Crayon et gouache sur
papier, 61 × 43 cm
Bielefeld, Kunsthalle

»You make the mistake of thinking that reflection plays a part in the process of making pictures or sculptures. If it exists at all, I have never used it. I have never worked with it, not even when I was painting »Die grosse Nacht im Eimer« (Big Night Down the Drain).«
(G. Baselitz: interview with P. M. Pickshaus, 1990)

It seems to me that this picture is the model for the sculptures which Baselitz makes today. The erect penis shows mankind in a state of extreme agitation. It is terribly vulnerable. It could also be a kind of warning, like the gestures of greeting made by the figures in his sculptures. One should not associate them with anything extraneous: they are plain, straightforward figures. We are dealing here with Baselitz, not Arno Breker.

»The gestures of greeting, for example, are extreme attitudes which look abstract and are very artistic, but which are never thought out, although they are charged with meaning. Everybody knows how fascinating they can be. When I make pictures or sculptures, I always use attitudes of this kind. I want to get off the beaten track. [...]
From an iconographical point of view, the important thing about these gestures – the raised arm, the bent back, the head cocked to one side or the open eyes and mouth – is that they don't require any kind of interpretation. When the sculpture is made, it has to be like painting. [...] The basis of the work is an act of aggression, not an analytical process.«
(G. Baselitz: interview with J.-L. Froment and J.-M. Poinsot, January 1983)

When Baselitz exhibited his first wood sculpture (»Modell für eine Skulptur«, 1979/80; plate 84) at the 1980 Venice Biennale, convention struck again. People with any number of academic titles scented blood and cried out: »Shame, shame! A Nazi salute in the Fascist palace of the arts!« But all the work shows is a seated man raising his right arm: an African prisoner, a member of the Lobi tribe. Once again, stupidity joined forces with seduction.

The Inversion of the Motif

»You paint for several years in a state of intoxication without any big aim in view. You are weighed down with social, financial and health problems, and suddenly you realize that the basis of your previous pictures has been removed. I had to paint new pictures, so I turned them upside-down.«
(G. Baselitz: interview with Isabelle Graw, 1990)

Baselitz really hit the jackpot with the inverted pictures. Seven years after the brief controversy over the confiscation of the two pictures in Berlin, the discussion of his work was rekindled. He showed the first of these pictures in 1970 at my gallery in Cologne, and they met with hoots of derision. But that didn't bother me: either you accept an artist, and that means accepting everything he does, or there's no point in working with him.

»The obvious question about my pictures is the one everybody asks: why are they upside-down? The question is answerable, but it doesn't really lead to what I do. What interests me is the position that I take up when I move right away from people's heads.«
(G. Baselitz: interview with Walter Grasskamp, 1984)

But what really was the point of standing the picture on its head? You know the standard accusation that modern art tends to focus on marginal details for lack of anything significant to say. And the question arises whether

Baselitz's inversion of the picture is perhaps just an attention-seeking gimmick. It is a question that even I have occasionally found myself asking.

»Before I started to invert the motif, I painted pictures which anticipated certain elements in this kind of painting, although they were less blatant and obvious. In these earlier pictures, the figurative motifs were fragmented and eventually allowed to wander at will around the canvas.
If you stop fabricating motifs but still want to carry on painting, then inverting the motif is the obvious thing to do. The hierarchy which has the sky at the top and the earth at the bottom is, in any case, only a convention. We have got used to it, but we don't have to believe in it. [...]
What I wanted was quite simply to find a way of making pictures, perhaps with a new sense of detachment. That's all.«
(Ibid.)
»If the motif is drained of all content – whatever kind of content it may be – then I can paint anything. That was the point of the inversion. And that's what I did.«
(G. Baselitz: interview with P. M. Pickshaus, 1990)

Just think of Rubens's »The Descent of the Damned into Hell« in the Alte Pinakothek in Munich. Think of the many inverted motifs in other pictures, or of the anecdote concerning a visitor to Caspar David Friedrich's studio who mistook a mountain landscape for a seascape because the picture was standing the wrong way up on the easel. There you have confirmation that the device of inversion in Baselitz's work is anything but a marginal detail. You only have to open your eyes to see that inversion has always been a theme in painting.

»The content is in the motif. I use the motif with the content as an existing picture, part of the history of art. I don't fiddle around interpreting the content: I simply take the images as I find them in art history.«
(G. Baselitz: interview with Isabelle Graw, 1990)

Baselitz doesn't just pull motifs out of a hat. Instead, he draws on the entire canon of art history, which he knows well. But he also adds something to the motif by his genuinely new form of painting.
It is difficult to explain this to other people, because this kind of painting doesn't lend itself to verbal interpretation. The worst thing of all is when people look at a picture like a piece of porcelain or jewellry and simply admire its lustre: a lustre which, to put it bluntly, doesn't deserve to be tarnished by contact with their stupidity.

»I expect a great deal of myself. I don't expect anything of other people. I don't work with other people. I don't know what other people are doing. I'm not interested in viewers: I never have been. What would constructive work on the picture be like if it were integrated into a programme? If it had this reflective element? If I try to imagine a viewer – and I'm a viewer myself – I ask myself: what can I do to make sure he gets something out of the picture? The only possible answer is: he has to see something he has never seen before, then he'll derive some sort of benefit from it. Something he can experience in a conscious way but which he never expected to encounter. That's the way a picture has to be: something you come across unawares.«
(G. Baselitz: interview with P. M. Pickshaus, 1990)

»The artist works in an entirely irresponsible manner. His relation to society is anti-social, and his only duty is to maintain his composure, in respect of himself and his work.«
(G. Baselitz, »Vier Wände und Oberlicht oder besser kein Bild an der Wand«, 1979)

Die Auferstehung, 1984
The Resurrection / La résurrection
Öl auf Leinwand / Oil on canvas / Huile sur toile, 250 × 200 cm
New York, Priv. Slg. / Priv. coll. / Coll. priv.

Work and the World Championship

Baselitz tells us that all he wants to do is paint. Painting, for him, is the only conceivable form of activity, and he has no other aims.

»A painter is a painter. All I see is pictures.«
(G. Baselitz: interview with Ulrich Weisner, 1985)

Think of a boxer who says that all he wants to do is box. I recently saw an interview with a heavyweight boxer who was only interested in winning the world championship.
When Baselitz speaks of painting, he means the concept, the content of art.

»It was the painters who invented the Venus machine, the angels, Zeus and Picasso, together with the bull, roast chicken and the courting couple. The pear-tree palette became a bucket; the brush became a knife, an axe, a club. The biggest pictures are bigger and the small ones smaller than ever. One artist has painted a picture which is 5 hundredweight. A Chinaman has walked across the canvas on his hands. A Norwegian has painted a 68-hectare beech-wood on a 4 cm^2 piece of canvas. I don't want to carry on talking this way. Hygiene, by which I mean religion, is going to be brought in. Discipline is one thing, education is another, and so is meditation.«
(G. Baselitz, »Das Rüstzeug der Maler«, 1985)

The question is: how is painting to distinguish itself from the types of pictorial invention found in other works of art? This is something Baselitz is working on. Every picture he paints, every sculpture that he saws out of the tree-trunk, will alter our view of his previous work. I am quite certain that one day people will acknowledge that Georg Baselitz has carried art to a point of completion.

»There's a kind of weariness, or laziness, that sets in when you start repeating yourself. You have to come up with new inventions all the time to avoid this; you have to move on and think up new ornaments. Otherwise culture, which invents ornaments, would die. Inventing and adding ornaments keeps it alive. It's like setting booby-traps for the eyes or the mind. And that's the way I look at painting, my painting at any rate.«
(G. Baselitz: interview with W. Grasskamp, 1984)

Baselitz approaches painting like a labourer who starts again from scratch every day, every single day of the week.
For an artist, the real danger lies in the temptation to sit back and admire what he has already achieved, instead of concentrating on what his work is really about. There is a risk of growing sentimental. You start copying your own style, you lose your independence and get stuck in a rut. Georg Baselitz has completely done away with this kind of sentimental attitude towards one's own work.

»The problem is that I have an aversion to repeating myself. That's an essential part of my work. I don't want to do anything that I've done before, no matter whether it was a long time ago or just yesterday. I always work on the assumption that the things I've already done were mistakes. They are either plain wrong or their value is dubious, to say the least. My attitude is that they have to get better, that I'm really aiming at something else. And then the pictures – or sculptures, or drawings – come tumbling out.«
(G. Baselitz: interview with P. M. Pickshaus, 1990)

This is Baselitz's »worker« mentality, an attitude which resembles that of a conscientious priest, who simply goes about his duties and tries to achieve something in a limited way, rather than wanting to become a bishop or a Pope. It is an attitude which nowadays one encounters all too rarely.

»My work follows a certain pattern. Say I've had an idea, or a vision, or an inspiration, and I'm working. If things go well, there invariably comes a point when I do something that makes me want to run away, a point when I say to myself, ›It can't be you who did that!‹ But it was me. And those, on the whole, are the good pictures. However, it's not something I can prepare for in advance.«
(Ibid.)

First Semester, Pole-Vaulting and Doubts

There are some things which make me wonder why on earth Baselitz did them. He himself is well aware that some of his works look pretty silly. But that is necessary in order to reopen one's visual awareness: a process which starts with the artist himself. Why should he allow other people's demands and expectations to interfere with his work?
At the 1982 Venice Biennale, for example, there was Joseph Beuys's devastating comment: »Tour of inspection completed – first semester!« To which I retorted: »Baselitz has been in his first semester for ages. There's nothing you can do about it.« The work which occasioned this remark, the wood sculpture »Modell für eine Skulptur« (Model for a Sculpture, 1979/80; plate 84), is indeed problematical. Baselitz himself is far from regarding it as a masterpiece.

»It seems to me that sculpture is a shortcut to the expression of the same problem as in painting: it is more primitive, more brutal, less reserved. This was confirmed for me by the polemical vehemence of the criticism which was levelled at my sculpture in Venice.«
(G. Baselitz: interview with J.-L. Froment and J.-M. Poinsot, January 1983)

Gruß aus Oslo, 1986
Greetings from Oslo / Salut d'Oslo
Kohle und Rötel auf Papier / Charcoal and red chalk on paper / Fusain et crayon rouge sur papier, 100 × 70 cm
Priv. Slg. / Priv. coll. / Coll. priv.

Looking at Baselitz's drawings, one finds a hint of mediocrity in the line. He himself admits this, saying that he can't really draw at all. He realizes that this is a problem which no amount of artistry can solve.
If you're a pole-vaulter, and the bar is set at 5.30 metres, but you can only manage 5.10 metres, you can't have your legs surgically extended in order to make the grade. The only thing you can really do is to give up pole-vaulting and choose another discipline. In which case, however, you should opt for something which allows you to make use of your achievement in vaulting 5.10 metres.
Baselitz is far too robust and energetic to give up drawing, or to be content with 5.10 metres, which sooner or later would mean coming to a dead end. Instead, he adapts his previous athletic achievements to another medium: sculpture. Instead of picking up a pencil, he switches on his power saw and goes three-dimensional.

»In sculpture there is an aggressive process with the saw which is the equivalent of drawing. There is a linear signal.«
(Ibid.)

Why does Baselitz collect African sculpture and refer to it in his own work? He says that in Europe, the whole question of »sculpture« is finished: everything is far too high-flown and eccentric. This is where the term »primitive« comes in again, a word which has negative connotations. But in a certain way, Baselitz refutes the artistic claims of European culture.

»I'm not interested in using the much-vaunted cultural freedom of European sculpture to make something ›better‹. When I do my paintings, I create things as if I were the first painter there had ever been, as if all these models didn't exist; although I know, of course, that there are thousands of examples demonstrating the opposite.«
(Ibid.)
»If you took all the drawings that people do on the beach and made a permanent record of them, the result would be similar to what I do in sculpture.«
(G. Baselitz: interview with W. Grasskamp, 1984)

Baselitz sometimes sits for hours looking at one of his wood sculptures before getting up and making a further cut or sawing off another chunk of wood – or, alternatively, deciding to leave it on. The four walls of the studio play an important part in the process. Baselitz says that four walls make a space. And the things in this space correspond with each other: they are engaged in what Baselitz calls an intimate conversation. This is exactly what you find in his sculptures.

Baselitz claims to work with disharmony, following a principle of imbalance, of destruction. I myself don't see this at all.
Why destruction? What does destruction mean in the work of an artist? Destruction is a radical concept. It means hacking something to pieces, smashing it, tearing it apart. But what can an artist really destroy?
The notion that Baselitz deliberately opts for ugliness instead of beauty is absurd.

»I don't bother about it, but other people are always asking me: ›Why? Why do you do these things? Why does everything have to look so awful? Why do you paint such ugly feet?‹ I have to say that I myself have never seen it that way. When painting, I have always proceeded in a very sensitive manner, even if the result is horrible.«
(G. Baselitz: interview with P. M. Pickshaus, 1990)

Atelier Derneburg, 1983
Derneburg studio, 1983
Photo: Balthasar Burkhard

Here, and in other, similar statements, Baselitz defies the expectations which society brings to art. Try taking a look at his »Nachtessen in Dresden« (Dinner in Dresden, 1983; plate 116). No one can tell me that isn't a beautiful picture. This leads us straight to the philosophical question: what is beauty? Do artists in fact try to create beautiful things?
Or is beauty like a wide gate through which thousands of people pass uncomplainingly, in order to approach the question which the artists address? In the presence of beauty, the artist can take any number of liberties, but the one thing he cannot do is to say: »I am making something beautiful.« That would be wholly presumptuous.

»Harmony consists in tension. It requires a variety of elements. And if you establish a rapport between all these elements, you get harmony. But you can only achieve this via disharmony. Everything which you see and which you think is right corresponds to this sense of harmony and unison. But as an artist, you can't work with harmony: you can't use a harmonious result which someone has worked towards and achieved. You can only use it by destroying it. There are any number of books about this: Kandinsky, Malevich, Baumeister and Nay devised theories with the aim of achieving harmony through coordination. You can read their writings. And when you've finished reading them, you have to do something entirely different in order to make your own pictures. This means that you have to destroy these harmonies.

The effect of destruction is brief, arbitrary and short-lived. What lives on is the result, because it establishes a new harmony.«
(G. Baselitz: interview with Ulrich Weisner, 1985)

Baselitz is not aggressive. He is more like a fungus, a structure lacking in rigidity. Pictures such as »Die grosse Nacht im Eimer« (Big Night Down the Drain, 1962/63; plate 21) and »Das Knie« (The Knee, 1963; plate 37) are nothing more or less than the proliferation of a fungus. He himself had to undergo this experience before he could paint the pictures. This analogy with fungi can be extended to his whole oeuvre.
The pictures from the period of the »Pandemonium« manifestoes (1961/62) were not painted with the viewer in mind; for Baselitz, they were veritable apparitions, translating his own perceptions into visual terms. They also supplied a visual equivalent to the questions: »What kind of person are you? Where do you stand as a painter?«

»The idea of the fungus — that's right. It's an accurate observation. Although saying ›Yes, that's me‹ is almost tantamount to suicide. But it's quite true: I have no strategies. I have other things: my biography, my feelings, the way I am. And my origins. All that vague stuff. But I have no strategy for giving an answer, for formulating, preparing or introducing anything. Nothing like that.«
(G. Baselitz: interview with P.M.Pickshaus, 1990)

Everybody knows that Baselitz is a friend of Markus Lüpertz, whose influence is apparent in a number of Baselitz's pictures. However, I have never seen a single picture by Lüpertz which was influenced by Baselitz. Baselitz simply looked at the pictures and figured out what he could do with them. And where he finds something he can appropriate, he does so.

»When I see pictures I really like, I immediately ask myself: ›If you like them so much, why didn't you paint them yourself?‹ The pictures I like most are always those which are closest to my own work. There are some things which are virtually interchangeable. But you can't start saying: ›He did it first, and the other one pinched the idea.‹«(Ibid.)

Appropriation involves more than just grabbing things for yourself: it is also a form of protection. If the idea is really good, and you incorporate it into your own work, it may be the case that the other artist who conceived the idea lacks the necessary rigour to think it through and use it in a convincing way.

Baselitz is surrounded by every kind of pitfall you can think of. For example, people are always accusing him of being anti-intellectual. These days, artists are expected to have an explicit strategy, an aesthetic which functions more or less like a building. But Baselitz refuses to comment on his building. In fact, there's nothing he can say about it, because he's continually working on it. Just think of Antoni Gaudí's »Sagrada Família« in Barcelona.
Gaudí left the »Sagrada Família« unfinished. There wasn't enough money to complete his cathedral. He himself was killed in a road accident in 1926. The important thing, however, is that society found itself unable to bear the idea

of leaving the »Sagrada Família« in an unfinished state. Instead, other people have carried on building where Gaudí left off.
If one takes the concept of the »church« seriously, then there is no such thing as a cathedral, a completed edifice. A church can only be a kind of building-site, where work is continually in progress. Baselitz is concerned with art. You really can't expect a living artist, who is working on his house all the time, to say: »The windows will be green«, or: »The roof is going to be painted blue.« It would seriously interfere with his work.

»I don't know how else I could go about it. I don't run around asking ›What am I supposed to do? What am I working for or against? What is to be done?‹ Instead, I sit down and work away at the problems which have arisen from the previous problem and the one before that. There are certain things that keep on cropping up: I carry them around in my head for years on end. And those are the things that I work on, the problems I have to solve. It is from these things that I make pictures. But they have neither a positive nor a negative significance. They have no ›voice‹ of that kind at all.«
(G. Baselitz: interview with P.M. Pickshaus; 1990)

However, the really exciting thing is that as long as these nuisances persist and people keep asking these questions about the whys and wherefores, one can conclude that our society recognizes the process in which the artist is involved, although this is something which society never openly admits.

»The first ›la la la‹ sounds and full-stop, full-stop, comma, dash are extremely vehement creations for those who make them. This is not just theory.«
(G. Baselitz, »Das Rüstzeug der Maler«, 1985)

Let us return to the building analogy. Baselitz is in the process of construct-ing this house. Some day, when the last picture has been painted and the last sculpture has been made, then and only then, the house will be finished.

»The emotions speak without orders from above. I can't imagine making pictures in the way that so many Americans insist on: without spilling your soul onto the canvas, without taking your trousers off and shedding tears and brandishing your fist when you're playing hide-and-seek; or when that's all you can do, because maybe you're a pornographer.
I'm always behind with everything because my head has to cope with itself in a completely different way. The thing that continually has to be mastered is altogether different. I can't enter into speculation of that kind. I have no room for it. That's the problem.«
(G. Baselitz: interview with Isabelle Graw, 1990)

What renders Baselitz suspect in the eyes of the critics, the thing that makes them decry his work, is his dogmatic profession of faith in figuration. He makes himself a sitting duck for the accusations levelled at him by the American Minimalist sculptor Donald Judd, who regards the ideology of the great and the heroic as essentially conservative and points to the regressive character of Baselitz's »Neo-Expressionist« painting. Judd criticizes Baselitz as anti-intellectual because he refuses to make programmatic statements: he has no explicit artistic strategy. But Baselitz's aim is to grasp the object of his work by the pure activity of making art. This is something which many people find incomprehensible, or at any rate difficult to understand. To Americans, the work of art is a social event. To Europeans, it is a philosophy of life.

»To that extent, the question of one's roots is a dilemma. But that's just the way things are. And that is also the main thing that I found out in connection

with the exhibition in Zurich: in terms of programmes, it's impossible to be an international artist. I wouldn't know where to start doing that.«
(G. Baselitz: interview with P. M. Pickshaus, 1990)

Without Skills or Talent

»The inventor of the big theatrical spotlight was Velázquez. I ran away when he was holding his lighting rehearsal. Concentrated light of that kind makes me feel dizzy. Perhaps it was a mistake to run away, because I missed out on acquiring a skill. I now have to condense the porridge of colours with a rope.«
(G. Baselitz, »Das Rüstzeug der Maler«, 1985)

»I say ›serious‹ work, but perhaps that's really the wrong word. What I mean is the kind of continuous work where you keep on adding to the picture, from one day to the next. So that you really work hard to achieve something.
Take Penck, for example. All day long, he does nothing but draw what he sees in front of him, what he experiences, what he invents. He sketches it in books. And over the years, he has developed a vocabulary, a foundation for pictures. That's something he can use, something he can work with. It's like a logbook in which you can look things up. Like an invalid who has been keeping a diary for years and has a complete record of his state of health: a record of the pills he took, what effect they had, and so on.
But I've never been able to do that. Nor did I want to do it. My work follows a completely different pattern. And that's why I say I have no talent. With me, it's a problem of talent. When I see something in front of me, I really have to force myself to draw it. I can do a drawing of a chair if I happen to need one. But I can't count on it being a good drawing or one which will be artistically useful. It's just a drawing that I have to do because I then stand the thing on its head. For that, I need something to work from. That's the only reason why I do it.
However, this kind of ›serious‹ work doesn't lead to the creation of pictures. That only happens as the result of a continual wrangling, going back and forth, breaking off in the middle – it's all terribly confused. And that, so to speak, has become my programme. It isn't a process of systematic construction: it has more to do with biography and character.«
(G. Baselitz: interview with P.M. Pickshaus, 1990)

An extremely interesting idea in art is the concept of imitation. There are many highly sensitive individuals who have no ideas of their own and are by no means great artists, but who are active in this area. Pictures contain a great deal of truth, which these people think they have to follow. But they are unable to create anything on their own account.

»Artists traditionally study nature. This usually starts with drawing classes at school, and it is based on the drawing of Raphael, on that kind of naturalism. That's the rule, and it's a rule that I've never mastered. That's all I mean by talent. I can't just pick up a pencil and transfer something I see onto a piece of paper, à la Raphael. I can only do it as if I were trying to say something in a foreign language. And that, to a painter, is a handicap.
On the other hand, painters don't have to be interpreters. That, if you see what I mean, is another department altogether. But in painting, unlike music, there's no such thing as a purely interpretative artist. Which is a pity. It would make it easier to categorize painters and say: this one is an interpreter and that one is an inventor.«
(Ibid.)

Das große Pathos, 1965
Charged with Emotion / Le grand pathos
Öl auf Leinwand / Oil on canvas / Huile sur toile, 130 × 162 cm
Priv. Slg. / Priv. coll. / Coll. priv.

So Baselitz has no talent. But with him, you have to be careful. He tells you things, but you don't know whether they are true until you have queried them. You don't need talent to be a genius.
I don't know if it is really humour or not. But take a look at the two pictures entitled »Pastorale« (1985/86; plate 122). The woman with the milk-jug is a complete yokel. Anyone willing and able to produce something like this must at least be capable of laughter. And you need a sense of humour to accept and endure the clumsiness and ugliness in these pictures.

»Ugliness is important because it is compulsive. What generally happens is that I do something and then stand back and say: ›Impossible! No, I can't do that. It's a disaster.‹ It happens again and again. I stand in front of pictures saying: ›No, that's out of the question. It's like a betrayal. It doesn't fit in with your ideas at all. You originally set out to do something entirely different. What on earth is this?‹ But then it gets finished, because I'm such a pig-headed bastard.
The suspicious thing about this is that over the years, it all forms a pattern. It all takes shape and falls into place. Things suddenly fit together. And that's your bloody biography. It almost looks as if someone had set a trap for you. But what am I supposed to do about it?«
(G. Baselitz: interview with P.M. Pickshaus, 1990)

Biographical Decision

»When I look back over the past, I see that I have painted five hundred pictures. When I go to one of my own big exhibitions and see a series of pictures extending over a period of twenty years, I stand there and think: ›That's strange. What is it?‹ And I have no idea: I can't find a way into it. I stand there as if it were someone else's exhibition. And this sense of strangeness makes me wonder where I stand. ›Is this really painting?‹ I ask myself. ›Where does it belong? In what context should it be seen? Is it all nonsense?‹ The exhibition supplies a picture of the person, the painter, who has done all this.«
(Ibid.)

One of the questions that puzzles me, for example, is why there are scarcely any children in Baselitz's work. Or why one of his first Indian ink drawings contains a cross and a heart. These are biographical references which are almost completely hidden.

»Dahlem actually imagines that I have something in reserve which I don't want to reveal. He's completely wrong. If that were the case, I would veil myself in speculation. [...] Of course, I've used all the dramatic devices you can use in painting. But the psychological background is totally unimportant. It doesn't explain anything.«
(Ibid.)

In his biography and his interviews, Baselitz offers no information at all about the contemporary historical events which have influenced his thinking or have led him to adopt particular attitudes. But there must have been influences of this kind. Somewhere along the way, some event or other must have caught his attention. We are all influenced in some way by things in the world around us, by the news for example. But in Baselitz's case, my researches have drawn a complete blank. There are no topical references in his work, and his various pronouncements contain no mention whatever of events which have any historical significance.

»Someone who was writing a text about this year's new series of sculptures, ›Die Frauen in Dresden‹ (The Women in Dresden), recently asked me whether they had anything to do with the bombardment of Dresden. He thought that the women looked as though they were racked with pain. Well, you know, that's a question I just can't answer.«
(Ibid.)

It seems to me that the reasons for Baselitz's vulnerability are not necessarily bound up with that section of the past. Our whole generation went through the same thing. The dominant influence on us was the dubiousness of the intellectual developments in this country, rather than the developments themselves. What remains is the provincial climate which prevailed then and which is even more oppressive today. If seeing is a state of knowing, then those people who prefer blindness to knowledge, seeing it as the lesser of the two evils, have nothing of their own to connect with this sacrifice. They are the poorest of the poor.

»Of course there are some things which won't allow you to let your trousers down. They simply prohibit you from doing it. Perhaps it's a question of upbringing. I think that's the main reason. [...] After all, painting pictures is also a form of reaction. [...] In one of my early manifestoes, written in 1963, I spoke of my ›biographical decision‹. That must have been a visionary statement, because that's the way things really are. If I had been born different, if I had been born somewhere else, in different circumstances, then I'm sure I would have painted happier pictures.«
(Ibid.)

Franz Dahlem
Sinzig, 1 November 1990

Un entretien imaginaire entre Baselitz, Dahlem et Pickshaus

Livre d'images

«Voir est une phase de la connaissance!»

Un livre d'images, oui, je regarde des livres d'images dans cet esprit. Je ne veux rien lire du tout et je ne veux pas non plus écrire moi-même. Je trouve les descriptions de tableaux superflues. La reproduction du tableau, les dimensions et la date en dessous, cela suffit. Que dire des œuvres de Georg Baselitz?

«La perplexité vis-à-vis de l'art ne diminue pas quand on lui attribue un caractère d'intermédiaire, fait comme si c'était un objet d'usage courant et le trivialisent. L'art ne contient pas d'information, (...) il n'est pas utilisable autrement que par la contemplation.»
(ds.: G. Baselitz «Vier Wände und Oberlicht oder besser kein Bild an der Wand», 1979)

Georg Baselitz n'a pas besoin de se justifier. Mais il est constamment poussé dans la discussion de son œuvre par des gens qui s'occupent verbalement de lui. Pourtant, toute la littérature secondaire est inutilisable. Car les intermédiaires ne peuvent que lui demander ce qui leur sert pour leur propre justification.

«Il n'y a pas de correspondance avec un public quelconque. De même que l'artiste ne peut poser de questions, il ne fait pas non plus de déclaration au sens de communication, message, opinion, information. (...) Par conséquent, point n'est besoin d'intermédiaires pour les œuvres de l'artiste.»
(ibid.)

Les politiciens abusent de la discussion avec les beaux-arts en attribuant une immense valeur à l'affluence massive du public. Je me souviens encore très bien avoir visité des musées dans les années 50 et 60 parce qu'ils étaient vraiment calmes. Il n'y avait personne. Les gardiens de musée jouaient au skat. N'est-ce pas au fond la monotonie, la déception, la tristesse, et même le désespoir qui ont mis fin à la vie qui nous a été donnée et nous ont renvoyés à l'intrépidité de notre propre existence?

«Les morts ont besoin des meilleurs tableaux, c'est l'histoire de l'art (...). Sont-ils donc visibles pour les autres? (...) Les cavernes funéraires des Etrusques ou des Egyptiens sont tout à fait sombres, on ne voit absolument pas les peintures. Le peintre a donc peint des images que personne ne voit. Renoir, par contre, n'a pas triché dans le tombeau de Priscilla, comme nous le voyons maintenant après examen, et pourtant, il ne pouvait pas partir du fait que nous le verrions maintenant. Pourquoi l'a-t-il fait malgré tout? C'est

le public qui a inventé l'observateur, et pas les peintres. C'est seulement la civilisation transformée, l'exigence culturelle différente qui a fait paraître ces tableaux au grand jour.»
(ds.: G. Baselitz «Das Rüstzeug der Maler», 1985)

On fait ici l'expérience d'un calme incroyable. Il doit en être de même d'un bon tableau. Au-delà du baratin: qu'est-ce que l'esthétique? Où commence la qualité? Qu'est-ce que l'indépendance? Baselitz dit en outre: «Seuls les tableaux montrent les rapports dans lesquels nous nous trouvons, ce sont des inventions sans relation avec la réalité, sans vérité. Ils sont des expériences subjectives ou sont touchés par celles-ci.»

Puberté

Berlin, le 8 août 1963

Cher Monsieur W.!

Depuis votre dernière visite chez moi, j'ai été malade. Vingt cigarettes imbibées de térébenthine chaque jour et du diluant pour laque cellulosique dans la gorge donnent des maux de tête et le vertige. Tout le tremblement devant et derrière la tolle est dégueulasse. Cette matière me répugne. L'onanie est plus facile pour qui palpe des larmes de mastic et de la morve de couleur. J'ai encore mon miroir à main. Quoi qu'il en soit, je suis assis sur les toilettes avec des bougies sur mon chapeau et G. est K.-O. sur le balcon. Je ne peux rien dire au sujet de mes tableaux. Je peins et cela me coûte beaucoup – c'est tout. [...].
Votre G. Baselitz
P. S. B. n'a pas encore apporté d'argent

Il est évident qu'un jeune peintre – Baselitz avait 25 ans en 1963 – doit prendre une décision esthétique. Et la décision esthétique qu'il a prise était la révolte. Les premiers tableaux de Baselitz ne se laissent pas bagatelliser. Ce sont des anti-tableaux, des tableaux de protestation. Et pourtant, il avait d'abord vu une énorme chance dans le tachisme. Donc peint abstraitement. Mais il ne tarda pas à s'apercevoir qu'il avait été beaucoup trop vite. Qu'avait-il à faire avec l'abstraction? Rien. Avec quoi avait-il donc vraiment à faire? Permettez-moi de dire pour le plaisir que l'homme dans son tableau «La grande nuit dans le seau» (1962/63; repr. no. 21) est vraisemblablement le portrait de Jackson Pollock, car aussi longtemps qu'aucune girafe ne circule dans l'espace, toute l'astronautique est de toute façon vide de sens.

«En 1965, quand je suis parti en Italie avec une bourse, j'ai découvert pour la première fois la vie du sud. Cela m'a contaminé et j'ai peint des tableaux par admiration. – Je n'ai pas du tout pensé aux Nazaréens, aux italo-allemands. Car ils ont commis la même erreur. – Je pensais que si le cynisme avec lequel je travaille est là – et il était là chez moi –, cela suffit pour faire un bon tableau. Mais cela n'a nullement suffi.»
(G. Baselitz dans un entretien avec P. M. Pickshaus, 1990)

Ce que Baselitz rejette ici, n'est même pas le tableau individuel. Mais il voit lui-même que la seule œuvre précoce des débuts n'est pas acceptable, la protestation ne suffit pas à proprement parler. Et grâce au séjour en Italie, la connaissance, d'un nouveau monde d'images, celui de la Renaissance et des maniéristes, il rétracte lentement cette attitude de protestation, d'injure. Son œuvre comprend aujourd'hui environ 1100 tableaux, 6600 dessins et aquarelles, 750 estampes et 33 sculptures.

Antonin Artaud, 1962
Tusche, laviert, auf Papier / Ink and wash on paper / Encre de Chine lavis sur papier
19 × 14,1 cm
Wittelsbacher Ausgleichsfonds, Sammlung Prinz Franz von Bayern / Collection Prinz Franz von Bayern

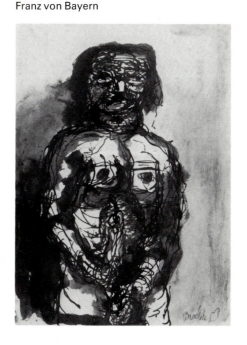

Ein Versperrter, 1965
Blocked / Un bloqué
Öl auf Leinwand / Oil on canvas / Huile sur
toile, 162 × 130 cm
Bielefeld, Kunsthalle

«J'ai estimé mes tableaux selon l'aspect de la juste tendance. Quand la chose était juste du point de vue passion, réflexion, état d'âme, elle est également juste du point de vue du fond. Le tableau est alors juste. Je parle toujours de tendance, cela résume tout. Quand la tendance est juste. Donc, ce que dit le parti. N'est-ce pas? Le juste parti. C'est que j'ai été élevé en RDA.»
(ibid.)

En 1966, le directeur de galerie Rudolf Springer organise à Berlin l'exposition «Les grands Amis». Baselitz publie le manifeste «Warum das Bild ‹Die großen Freunde› ein gutes Bild ist!» (Pourquoi le tableau ‹Les grands amis› est un bon tableau!).

«Le tableau est un tableau idéal, un don du ciel, inéluctable, – une révélation. Le tableau est l'idée fixe de l'amitié issue du retranchement des démons et en voie de s'y engloutir à nouveau – selon les décrets biographiques. (...) Les principes du tableau, la forme, etc. sont violents et purs. Il est rond de toutes parts. On a renoncé aux gruaux. Il est noir et blanc. Les ornements sont des clefs. Le peintre a regardé dans sa culotte et a peint l'économie de son corps sur la toile. Il a fait en sorte que les petits lapins aillent dans la luzerne et que les petits canards laissent des plumes. (...) Le tableau est exempt de tout doute. Le peintre a passé en revue la société en toute responsabilité.» (ds.: G. Baselitz «Warum das Bild ‹die großen Freunde› ein gutes Bild ist!», 1966)

Dans le manifeste des «grands amis», Baselitz essaie de se libérer. La deuxième partie fourmille de diminutifs. Cela me fait un effet extrêmement puéril, presque primitif. Il possède vraisemblablement aussi cette simplicité, et ce caractère primitif m'intéresse. Quand je dis que cela m'intéresse – ou pour parler sans préjugés, que l'élémentaire m'intéresse chez Baselitz –, alors au sens de la «juste tendance», de l'auto-excitation programmatique.

«J'ai toujours éprouvé un sentiment de malaise en faisant cette réflexion à propos de la juste tendance. Malgré tout, je l'ai toujours faite. J'éprouvais un sentiment de malaise parce qu'à l'époque, j'avais déjà remarqué – du moins chez les autres peintres qui avaient la juste tendance – que les résultats étaient mauvais. Ou qu'il n'y en avait plus du tout. Les résultats se faisaient attendre. Mais la tendance était encore juste.»
(G. Baselitz dans un entretien avec P. M. Pickshaus, 1990)

Ici, on peut par exemple penser à l'amitié de Baselitz et du peintre Eugen Schönebeck qui ont organisé ensemble leur première exposition en 1961 à Berlin, dans la Schaperstraße 22.

«Entre-temps, mon sentiment de malaise est devenu immense, de sorte que je ne voudrais plus défendre la juste tendance, mais voudrais dire maintenant: beaucoup de choses sont possibles. Même, à mon avis, dans une tendance dangereuse ou fausse ou mensongère. Et pourtant, les tableaux sont bons. Il y a vraiment quelque chose que l'on peut seulement qualifier de qualité et qui constitue un tableau. Et non la croyance juste ou l'arrière-plan social ou quoi que ce soit.»
(ibid.)
«Il y avait alors très peu de possibilités de faire un tableau. Il faut voir cela correctement. Et toutes les choses que j'ai peintes jusqu'en 1968 doivent être comprises comme des provocations. Les objets ou motifs sont inventés, tirés par les cheveux. Et il n'y avait pas non plus d'autres possibilités pour d'autres peintres aussi.»
(G. Baselitz dans un entretien avec J. Gachnang, 1981)

Baselitz a naturellement sa période de formation. On ne peut pas être en tête à 23 ans. A l'époque, il avait peut-être peint une trentaine de tableaux, plus tard il a peint 300 tableaux et à la fin, il y en aura peut-être 3000. Quand on veut devenir champion du monde de saut en longueur, on n'atteint pas non plus 8,40 mètres du premier coup. On commence à onze ou douze ans et on atteint 3,20 mètres.

Maintenant, les gens viennent et veulent un tableau valable de Baselitz. Et comme il n'y a pas encore suffisamment d'art chez nous – les gens disent toujours qu'il y a beaucoup d'art, mais il n'y a pas tant d'art que cela –, on aime mieux acheter une œuvre précoce d'un artiste vivant que n'avoir rien du tout sous la main. Dans le fond, le commerce d'objets d'art ne fait rien d'autre que construire constamment de nouvelles tours. Il n'y a pas qu'à Francfort qu'on élève des gratte-ciel, on en fabrique aussi dans l'histoire de l'art. Toute l'œuvre de ses débuts doit donc être mise à contribution. Ce pillage lui répugne.

«Comme je viens de le dire, le but de la peinture en tant que peinture n'existait pas à l'époque. C'était comme si la puberté s'était poursuivie bien au-delà de ma vingtième année. Il faut s'imaginer qu'en peignant il ne m'était pas possible de continuer traditionnellement ou de chercher à rallier la tradition, tout simplement de poursuivre le travail d'un autre ou de créer un complément.»
(ibid.)
«Je crois que ce sont là des affirmations protectrices. On les emploie aussi lontemps qu'on en a besoin. Mais elles sont fausses. Elles ne sont pas justes. Moins un tableau révèle ce genre de tendances ou de stratégies, qui ne servent à vrai dire, qu'à affirmer une puissance, meilleur il est au fond.»
(G. Baselitz dans un entretien avec P. M. Pickshaus, 1990)

Seul un artiste peut estimer la valeur d'une œuvre d'art. Celui qui s'intéresse à une vue peut regarder une œuvre d'art. Celui dont l'esprit a compris que ce qu'il a vu est irrévocable peut comprendre une œuvre d'art. Comme toutes les œuvres montrent des idées, la pensée de ce qui est vraisemblable dans celles-ci est la seule chose qui protège l'observateur contre l'erreur de l'invraisemblable.

Non-mention et isolement

La non-mention a été apparente jusqu'en 1976/77. Il y a constamment eu des tentatives de publication sur Georg Baselitz dans des revues spécialisées, des amis ont écrit à son sujet, mais finalement, il n'y avait pas de public. En ce temps-là, j'avais l'impression que la branche, c'est-à-dire les intermédiaires artistiques, les directeurs de musée et les critiques étaient tous d'accord – sans le dire officiellement – sur le fait que l'homme n'est à vrai dire pas un artiste. Je me souviens que le directeur de galerie Konrad Fischer a averti sa consœur Anny de Decker à Düsseldorf qu'elle ne pourrait plus exposer sur le marché de l'art parce qu'elle avait montré une exposition dédiée à Baselitz dans sa galerie à Anvers en 1970.

«Naturellement, je recherchais les applaudissements. Mais il ne pouvait tout simplement pas y en avoir parce que mes œuvres n'observaient pas les conventions. Je m'opposais strictement à toute forme de détermination. Si tant est que l'on puisse seulement utiliser ce papier-ci ou ce pinceau-là pour une aquarelle, j'essayais exactement le contraire. C'était comme si l'on voulait faire un dessin au charbon sur un morceau de verre avec un crayon.

Des impossibilités inouïes comme lorsque l'on met la charrue devant les bœufs. J'ai par exemple une fois essayé – et l'ai énergiquement défendu – de dessiner une sphère en perspective, ce qui est une idiotie. (. . .) Ma situation était celle de l'isolement forcé. Toutes les entrées échouaient à cause de l'incompréhension de la réception.»
(G. Baselitz dans un entretien avec H. P. Schwerfel, 1988)

Vous dirai-je qui a vraiment pris la défense de Baselitz? En 1966, je me trouve dans le train entre Stuttgart et Darmstadt et rencontre HAP Grieshaber. Il me demande ce que je fais. Et je lui dis que je travaille avec Karl Ströher et vois de temps en temps Georg Baselitz. Il me raconte alors qu'on avait décerné le prix artistique à Baden-Baden et qu'un nouveau membre du jury, un jeune professeur d'art de Düsseldorf nommé Joseph Beuys, était arrivé avec un jour de retard. Tout avait déjà été examiné et les tableaux qui devaient être exposés se trouvaient en haut, ceux qui étaient exclus étaient à la cave. Beuys n'avait formulé qu'une requête: être autorisé à examiner les tableaux exclus. Puis il en choisit deux et dit: «Si tout ce qui se trouve en haut doit être exposé et si ces tableaux restent à la cave, cela ne vaut pas la peine de s'occuper de l'exposition». Les autres membres du jury n'avaient pas voulu baisser pavillon et avaient défendu leur choix. Mais comme Beuys venait de se joindre à eux, on avait fini par lui permettre d'accrocher les tableaux dans l'escalier. Et c'étaient deux «tableaux héroïques» de Georg Baselitz. Bien que Beuys ne les ait plus jamais reconnus par la suite – au contraire, il s'est quelquefois verbalement opposé aux tableaux de Baselitz en public – il a à l'époque vite reconnu qu'une force absolument essentielle se manifestait.

«Cette situation d'isolement n'est pas voulue. C'est une situation qui se produit quand on remarque un jour que l'on travaille à une chose qui est très spécialisée et à laquelle personne ne comprend rien. Cet isolement n'est pas une condition dont on part, mais le résultat d'un travail et d'une pensée qui ne s'adapte pas à ce qui est précisément demandé.»
(G. Baselitz dans un entretien avec W. Grasskamp, 1984)
«L'isolement bourgeois d'un artiste n'a jamais été aussi grand, son travail jamais aussi anonyme que maintenant. Ceci est toutefois très profitable à la folie de l'artiste, à son extravagance dans des abstractions insoupçonnées.»
(ds.: G. Baselitz «Vier Wände und Oberlicht oder besser kein Bild an der Wand», 1979)

Sexe en tant qu'attitude et geste de salut

Entre-temps, il y a naturellement des gens qui paient n'importe quel prix pour les premiers tableaux de Baselitz, qui apprécient énormément ces tableaux, contrairement à l'artiste. Il y a également des musées qui seraient aujourd'hui heureux d'avoir acheté ces tableaux autrefois. Je comprends fort bien tout cela. Car se sont tous des hommes qui sont biographiquement liés à ces – disons – «tableaux de queues»: «Le Champ» (1962, repr. no. 17), «Le Crochet» (1962, repr. no. 15), «P. D. Tige» (1963, repr. no. 16), etc. Ils s'intéressent à la vérité de ces tableaux et non à la manière dont ils sont faits. Cela signifie que ces gens n'ont pas pu vivre eux-mêmes leur protestation. Peut-être parce que leur père était juriste ou parce qu'ils sont fils de fabricants. Parce qu'ils se trouvaient dans cette camisole de force sociale qui ne leur a laissé aucune possibilité d'épanouissement personnel, ils apprécient aujourd'hui ces tableaux. C'est biographique. Cette estime n'a rien à faire avec l'art.

«Mon principe a longtemps été de travailler avec ce genre de choses malpropres. Donc de travailler avec des choses impures, non lavées. D'abord c'est venu comme ça. Puis je l'ai accepté. Et quand j'ai su ce que c'était, je m'en suis presque servi artificiellement. Pour l'abstraction dans des tableaux, il est naturellement préférable de se coucher sur le dos et de regarder le ciel. On a alors l'espace, l'espace supérieur. Pas l'espace intérieur. Je le constate maintenant que j'ai cinquante ans. A vingt ans, ce n'était absolument pas mon problème. Mon problème de l'époque était largement constitué de réactions contre quelque chose. Des agressions. Pour moi, également des défoulements. Je ne pensais alors pas à ce genre de possibilités d'abstraction.»
(G. Baselitz dans un entretien avec P. M. Pickshaus, 1990)

Quand on parle de «tableaux de queues» ou de membres en érection à propos de ces tableaux, on met alors le sexe en relief, et pourtant il s'agit de l'attitude. Le sexe en tant qu'attitude. L'attitude se trouve au centre du tableau. Pas le sexe. Autrement, aucune provocation n'aurait été possible avec ces tableaux.

«L'art n'est compris, si tant est qu'il est compris, que par quelques personnes. Et celles-ci ne peuvent le comprendre que parce qu'elles ont vu beaucoup, énormément de tableaux. A l'époque, elles n'ont vraiment pas vu cette indécence, et je ne l'ai pas vue non plus. Je l'ai certes utilisée comme acte agressif ou comme choc, mais pour un tableau! Pas pour le contenu.»
(ibid.)

On porte son sexe sur ses yeux, sa bouche, son nez et ses oreilles, dit Georg Baselitz dans une interview avec Isabelle Graw. C'est une déclaration extraordinaire. Quand on saisit son propre nez, c'est peut-être plus excitant que de prendre sa propre queue. Si l'on part du principe que l'homme est non seulement un être sensuel mais aussi un être spirituel, on comprend alors qu'il s'agisse d'attitude pour Baselitz. Le reste n'est qu'une situation tendue. Permettez-moi d'ajouter encore quelque chose: le séducteur Baselitz — et c'est pourquoi il rejette aujourd'hui ces tableaux — a en fin de compte lui-même été dans le rôle de la personne séduite à l'époque. Il a annoncé quelque chose, pris une attitude qui n'était pas suffisamment ferme, pour se protéger des poursuites ou des ambiguïtés.

«Les nombreuses mises à mort dont je fais chaque jour l'expérience et l'injure de devoir défendre mes enfantements excessifs mènent à une maladie du vieillissement des expériences.»
(ds.: Pandämonisches Manifest I, octobre 1961, rédigé par G. Baselitz et E. Schönebeck)

Baselitz s'est aventuré loin, et c'est l'une des raisons pour lesquelles il a réussi par rapport aux autres. Je me suis demandé un jour ce qui serait au juste arrivé si rien n'était arrivé. Si «La grande nuit dans le seau» (1962/63) et «L'Homme nu» (1962) n'avaient pas été confisqués par le parquet berlinois en 1963, à l'occasion de sa première exposition individuelle dans la galerie Werner & Katz.
En 1961, il avait déjà organisé une exposition avec Eugen Schönebeck dans la Schaperstraße 22 à Berlin, exposition à l'occasion de laquelle ils éditèrent le «Pandämonisches Manifest», et je suppose qu'il avait alors attendu une réaction. Pas un scandale mais, sous une forme quelconque, une identification, une réaction. Mais il n'y eut pas même un visiteur à l'exposition.
Baselitz était donc alors à la fois coupable et victime, coupable et pourtant

Geschlecht mit Klößen, 1963
Gender with Dumplings
Sexe avec boulettes
Öl auf Leinwand / Oil on canvas / Huile sur toile, 190 × 165 cm
Priv. Slg. / Priv. coll. / Coll. priv.

innocent. Cela veut dire que le scandale devait se produire à tout prix, qu'il le veuille ou non. Cela lui procura immédiatement une publicité et un intérêt qui l'ont élevé de la localité, du régionalisme, au supra-régionalisme. Cette contradiction, ce malentendu, a en quelque sorte été l'appareil volant qui l'a porté dans la région adéquate. Et pourtant, on peut être tellement innocent et n'en avoir aucune idée.

«Cette exposition remporta à l'inverse tout autant de succès que le manifeste parce qu'un public qui n'avait encore jamais vu de tableau, qui n'allait jamais dans les galeries d'art et ne regardait jamais de peintures, vint tout à coup dans la galerie à la suite d'articles erronés et de totales méprises. Ces gens furent immédiatement outrés et épouvantés par ce qu'ils avaient vu. (...) Mais je n'avais pas voulu le moins du monde cette provocation. Ce que je voulais, c'était me détacher du tachisme, de la peinture abstraite. Bon, il existe certainement d'autres moyens, mais mon moyen était une sorte de peinture figurative grossière, une simple peinture en noir et blanc complétée par un motif, un contenu correspondant aux revendications nommées dans le deuxième pandémonium. C'était déjà – si l'on veut – une double provocation, mais pas au sens trivial, comme cela fut compris.»
(G. Baselitz dans un entretien avec J. Gachnang, 1981)
«Vous commettez l'erreur de penser que la réflexion joue un rôle dans tout le processus consistant à peindre des tableaux ou faire des sculptures. S'il y en a une, je ne l'ai jamais utilisée. Je n'ai jamais travaillé avec. Pas même dans ‹La grande nuit dans le seau›.»
(G. Baselitz dans un entretien avec P. M. Pickshaus, 1990)

Pour moi, ce tableau est aussi un exemple pour toutes les sculptures que fait Baselitz aujourd'hui. La verge en érection montre l'homme dans la situation de la plus grande excitation. C'est quelque chose de très vulnérable. Une mise en garde est également possible de cette manière. Les gestes de salutation de ses sculptures ne sont au bout du compte rien d'autre. On ne doit y associer rien d'autre que la figure qui est représentée. Il ne s'agit pas de sculptures de Arno Breker.

«Les gestes de salutation dont il a déjà été question par exemple, sont des attitudes extrêmes qui semblent abstraites, qui sont très artistiques, mais sont chargées de sens et jamais imaginées. Chacun sait quelle fascination ils peuvent exercer.
Quand je fais des tableaux ou des sculptures, je prends de telles attitudes. Je ne m'occupe pas des sentiers battus. (...) Ce qui est décisif dans ce geste, donc sous des aspects iconographiques, le bras levé, le dos courbé, la tête penchée ou les yeux ouverts, la bouche ouverte... est que toutes ces attitudes n'ont pas besoin d'interprétations. Quand la sculpture se forme, il faut que ce soit comme dans la peinture. (...)
Ce n'est pas un processus analytique, mais un acte agressif en tant que base du travail.»
(G. Baselitz dans un entretien avec J. L. Froment et J. M. Poinsot, janvier 1983)

En 1980, à la Biennale de Venise, quand Baselitz a présenté sa première sculpture en bois, «Modèle de sculpture» (1979/80; repr. no. 84), la convention a fonctionné une fois de plus. Des gens du troisième, quatrième grade universitaire ont tout de suite flairé le sang et crié: «Quelque chose de passionnant vient de se produire, le salut hitlérien rentre dans les temples de l'art érigés par les nazis.» Pourtant, il n'y a là qu'un homme assis qui lève la main droite. Un prisonnier africain de la tribu des Lobis. Mais une fois de plus, la bêtise de la séduction a joué.

«Vous peignez pendant des années la tête grisée, sans but particulier. Vous êtes à la merci de problèmes sociaux, financiers et de santé, et vous constatez tout à coup que le motif des tableaux que vous avez peints jusque là vous est retiré. J'ai dû peindre d'autres tableaux et les ai mis la tête en bas.» (G. Baselitz dans un entretien avec Isabelle Graw, 1990)

Avec les tableaux renversés, Baselitz a réussi un coup de maître. La discussion relative à son œuvre, qui s'était épanouie à court terme en 1963 avec le scandale de la saisie à Berlin, reprit. En 1970, il exposa pour la première fois chez moi à Cologne dans la Lindenstraße et il y eut des rires énormes. Cela ne me fit ni chaud ni froid, car ou vous acceptez un artiste, et vous acceptez alors tout ce qu'il fait, ou il est inutile de travailler avec lui.

«Chez moi, la question que chacun pose se conçoit aisément: pourquoi est-il la tête en bas? On peut répondre à cela. Mais cette question ne mène pas à ce que je fais. Ce qui m'intéresse, c'est la position que j'ai quand je peux évoluer extrêmement loin des têtes des gens.» (G. Baselitz dans un entretien avec Walter Grasskamp, 1984)

Mais quelle importance le renversement des motifs avait-il au juste en 1969? Vous connaissez le reproche selon lequel, dans l'art moderne, les choses marginales sont poussées vers le centre faute de préoccupations centrales? Reste à savoir si le renversement des motifs de Baselitz est seulement un truc pour être au centre de l'attention. Et c'est une question que je me suis même posée.

«Avant les tableaux qui travaillent avec le renversement des motifs, j'ai peint des tableaux anticipant déjà certains éléments de cette peinture, quoique pas avec cette brutalité et cette netteté. C'étaient les tableaux sur lesquels les motifs figurés ont été fragmentés et ont plus tard vagabondé librement sur la toile.
Quand on cesse de sucer son doigt et d'inventer des motifs, tout en voulant quand même peindre des tableaux, le renversement des motifs est la possibilité la plus facile à concevoir. La hiérarchie, dans laquelle le ciel est en haut et la terre en bas, n'est de toute façon qu'une convention à laquelle nous nous sommes tous habitués, mais à laquelle nous ne sommes toutefois nullement obligés de croire.
(...) Pour moi, il s'agissait simplement de trouver une possibilité de faire des tableaux, peut-être avec une nouvelle distance. C'est tout.»
(ibid.)
«Si l'on vide le motif de son contenu – quel que soit le genre du contenu –, alors je peux tout peindre. C'était le sens du renversement. Et c'est ce que j'ai fait.»
(G.Baselitz dans un entretien avec P. M. Pickshaus, 1990)

Songez à la «Descente aux enfers des damnés» de Rubens dans la Alte Pinakothek à Munich, aux nombreux motifs renversés dans les tableaux, comme les reflets dans l'eau par exemple, ou à l'anecdote selon laquelle un visiteur de l'atelier de Caspar David Friedrich interprète un paysage montagneux comme une «marine» parce qu'il ne s'aperçoit pas que le tableau est posé à l'envers sur le chevalet. Voilà la confirmation que le renversement des motifs chez Baselitz n'est pas une chose marginale. Il suffit d'ouvrir les yeux pour voir que cela a toujours été un thème dans la peinture.

«Le contenu se trouve dans le motif. J'emploie le motif avec le contenu en tant qu'image existant dans l'histoire de l'art et n'essaie pas d'interpréter

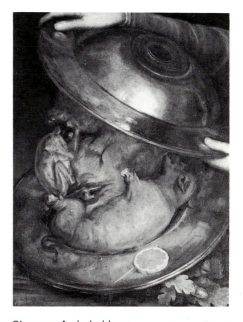

Giuseppe Arcimboldo:
Der Koch (Umkehrbild), c. 1970
The Cook (Invertible Picture)
Le cuisinier (tableau réversible)
Öl auf Holz / Oil on wood / Huile sur bois
52,5 × 41 cm
Stockholm
Priv. Slg. / Priv. coll. / Coll. priv.

des contenus, mais prends des contenus qui existent dans l'histoire de l'art sans poser de questions, tels qu'ils sont.»
(G. Baselitz dans un entretien avec Isabelle Graw, 1990)

Baselitz ne suce pas son doigt pour trouver des motifs. Il veut plutôt faire remarquer qu'il se trouve dans le canon des tableaux de l'ensemble de l'histoire de l'art qu'il connaît bien, mais veut encore lui ajouter quelque chose en se réalisant comme nouveau peintre et en étant identifié comme tel par les autres.
Il est compliqué d'en parler aux gens et de l'expliquer, parce qu'il est difficile de développer et transmettre verbalement une idée de cette peinture. Le pire serait que les gens regardent un tableau comme une tasse en porcelaine de Meissen ou un bijou et se réjouissent de son éclat qui – pour mettre le doigt sur la difficulté – ne devrait absolument pas être mis en rapport avec leur propre apathie.

«J'exige tout de moi. Je n'exige à vrai dire rien des autres. Je ne travaille pas avec les autres. Je ne sais pas ce que font les autres. Les observateurs ne m'intéressent pas. Cela ne m'a jamais intéressé. A quoi un travail sur le tableau aussi constructif doit-il ressembler quand il est lié à un programme? Quand il a cette réflexion? Comprenez-moi, quand j'essaie de me représenter l'observateur – j'en suis un moi-même –, qu'est-ce que cela peut être pour que cela lui apporte quelque chose? Cela peut dans le fond seulement être qu'il voit quelque chose qu'il n'a encore jamais vu. Alors cela lui apporte quelque chose. Donc, ce qu'il vit consciemment, mais qu'il n'aurait jamais pensé rencontrer. C'est à peu près comme cela que doit être un tableau qui n'est pas du tout préparé dans sa possibilité de rencontre.»
(G. Baselitz dans un entretien avec P. M. Pickshaus, 1990)

«L'artiste travaille irresponsablement. Ses liens mondains sont asociaux, son unique responsabilité est l'attitude et ce, vis-à-vis du travail.»
(ds.: G. Baselitz «Vier Wände und Oberlicht oder besser kein Bild an der Wand», 1979)

Giuseppe Arcimboldo:
Der Koch (Umkehrbild), c. 1970
The Cook (Invertible Picture)
Le cuisinier (tableau réversible)
Öl auf Holz / Oil on wood / Huile sur bois
52,5 × 41 cm
Stockholm
Priv. Slg. / Priv. coll. / Coll. priv.

Championnat du monde et travail

Baselitz signale qu'il travaille. Qu'il veut seulement être actif dans cette activité picturale et ne vise rien d'autre en dehors de celle-ci.

«Un peintre est un peintre. Je vois seulement des tableaux.»
(G. Baselitz dans un entretien avec Ulrich Weisner, 1985)

Songez à un boxeur qui dit que pour lui la seule chose importante est boxer. Dernièrement, j'ai vu une interview avec un poids lourd pour qui la seule chose importante était le championnat du monde. Quand Baselitz parle de peinture, il veut parler de la notion d'art, du contenu de l'art.

«Les peintres ont inventé le truc Vénus, Zeus, les anges, Picasso, de même que le taureau, le poulet rôti, le couple d'amoureux. La palette de poirier est devenue un seau, le pinceau un couteau, une hachette et un bâton. Les plus grands tableaux sont plus grands et les plus petits, plus petits que jamais. Il y en a un qui a peint un tableau pesant 5 demi-quintaux. Un Chinois a parcouru la toile sur les mains. Un Norvégien a peint une forêt de bouleaux de 68 ha sur une toile de 4 cm². Je ne veux pas aller plus loin. L'hygiène, je veux dire la religion, est mise en œuvre. La discipline est une chose, la formation et la méditation en sont une autre.»
(ds.: Baselitz «Das Rüstzeug der Maler», 1985)

La question qui se pose est: comment sa peinture se détache-t-elle par rapport aux inventions qui existent dans d'autres œuvres d'art? Baselitz est en plein travail. Chaque tableau qu'il peint, chaque sculpture en bois qu'il détache du tronc, modifiera la vue qu'il a du travail précédent. Je suis certain que viendra le jour où Georg Baselitz sera reconnu en tant qu'artiste consommé.

«Il y a une fatigue, une paresse, qui survient quand on se contente de répéter. Et il faut toujours être en mesure de forcer cela par de nouvelles inventions, d'enrichir en inventant de nouveaux ornements. Autrement, la culture, qui invente les ornements, serait morte. Mais elle est vivante grâce à la constante invention et à la croissance de l'ornementation. C'est comme poser un piège pour l'œil ou pour l'esprit. Et c'est exactement comme cela que je conçois la peinture. Du moins celle que je fais.»
(G. Baselitz dans un entretien avec W. Grasskamp, 1984)

Dans son approche, Baselitz procède comme un ouvrier qui repart chaque jour à zéro. Qui recommence chaque jour par le début. Chez l'artiste, le véritable danger se trouve dans le fait qu'il abandonne le vrai dans son travail au profit de l'admiration une fois atteinte. Devient sentimental. S'appuie sur sa propre œuvre, perd son indépendance et reste en panne. Georg Baselitz a radicalement aboli cette sentimentalité vis-à-vis de son œuvre personnelle.

«Le problème est que le ne-pas-vouloir-répéter fait partie de mon travail. Je ne veux rien faire que j'aie déjà fait une fois. Aussi bien sur un grand laps de temps qu'en ce qui concerne hier. Mais je pars toujours du fait que ce que j'ai fait était ou une erreur ou n'était pas juste. Ou est douteux. Et que cela doit – pour ainsi dire – devenir meilleur. Que c'est quelque chose d'autre que je veux au fond. Et il en sort toujours des tableaux. Ou des sculptures ou des dessins.»
(G. Baselitz dans un entretien avec P. M. Pickshaus, 1990)

C'est l'attitude des ouvriers. Et un bon prêtre qui veut vraiment arriver à quelque chose n'essaie pas de devenir pape ou évêque, mais d'être un ouvrier capable. C'est précisément cette attitude qui a en grande partie disparu aujourd'hui.

«Quand on travaille, il y a un processus, mettons que j'ai une idée ou une vision, une inspiration et que je travaille. Si cela marche bien, il survient toujours un point où je fais quelque chose devant quoi je peux me sauver, où je dis: ‹Ce n'était pas toi!› Mais je le fais quand même. Ce sont alors de bons tableaux. La plupart du temps. Mais je ne peux pas préparer cela.»
(ibid.)

1er semestre, barre supérieure et doutes

Il y a des choses telles que je me demande: «A quoi pensait donc Baselitz?» Je sais moi-même que certaines choses ont l'air passablement jobardes. Sans aucun doute. Mais c'est nécessaire. De cette façon, le regard s'ouvre de nouveau. Un processus qui commence par lui-même. Doit-il laisser massacrer son travail par des tiers, leurs exigences et leurs attentes? En 1980, à l'occasion de la Biennale de Venise, il y eut par exemple une impitoyable critique de Joseph Beuys: «Ronde. Premier semestre!» Je lui ai alors répondu: «Baselitz est justement très longtemps au premier semestre. On ne peut rien y faire». Naturellement, cette première sculpture en bois de Baselitz, «Modèle de sculpture», est problématique. Baselitz n'y voit pas non plus un chef d'œuvre.

«Je crois à vrai dire que la sculpture est un chemin plus court que la peinture pour exprimer le même problème, parce que la sculpture est plus primitive, plus brutale, et plus inconditionelle la peinture. La violence de la polémique suscitée par ma sculpture de Venise me l'a confirmé.»
(G. Baselitz dans un entretien avec J. L. Froment et J. M. Poinsot, 1983)

Dans le dessin, il y a chez Baselitz une certaine insuffisance de la ligne, du trait. Il le dit lui-même. Il voit lui-même qu'il ne peut pas résoudre ce problème par la plus haute acrobatie. Quand vous faites du saut à la perche et que la barre supérieure se trouve à 5,30 mètres, et que vous n'arrivez qu'à 5,10 mètres, vous ne pouvez pas vous faire allonger la cuisse afin de passer quand même. Que reste-t-il à faire? A vrai dire, on peut seulement changer de discipline. Mais il faudrait alors trouver une matière où les 5,10 mètres ne sont pas perdus. Baselitz est trop vital et beaucoup trop fort pour abandonner le dessin, mais aussi pour se contenter de travailler en vue des 5,10 mètres. Il serait alors inévitablement dans une impasse. Au lieu de cela, il reprend la hauteur atteinte dans un autre médium. Cela veut dire qu'il fait des sculptures. Au lieu de prendre un crayon dans la main, il prend une scie à moteur et entre dans la tridimensionnalité.

«Dans la sculpture, il y a un processus agressif avec la scie qui correspond au dessin. Il y a un signal linéaire.»
(ibid.)

Pourquoi Baselitz remonte-t-il à la sculpture africaine qu'il collectionne aussi? Il dit: «Toute la question de la ‹sculpture› s'est terminée en Europe dans l'extravagance. Et j'en reviens à la primitivité.» Un mot qui a quelque chose de négatif. Mais Baselitz écarte bel et bien une certaine prétention artistique dans l'histoire de la civilisation européenne.

«Employer la prétentieuse liberté culturelle de la sculpture européenne pour faire quelque chose de ‹mieux› ne m'intéresse pas. Quand je fais mes peintures, je commence à créer les choses comme si j'étais le premier, le seul, comme si tous ces modèles n'existaient pas; bien que je sache naturellement qu'il y a des milliers d'exemples contre moi.»
(ibid.)
«Si vous preniez et fixiez tous les dessins qui sont faits sur la plage, cela ressemblerait à ce que je fais en sculpture.»
(G. Baselitz dans un entretien avec W. Grasskamp, 1984)

Baselitz reste parfois assis pendant des heures devant une sculpture en bois avant d'aller vers elle et de lui donner un nouveau coup ou de pratiquer une entaille ou de scier un morceau. Ou de décider de le laisser. Chez Baselitz, les quatre murs jouent un grand rôle. Quatre murs, dit Baselitz, font une pièce. Et les choses qui se trouvent dans cette pièce correspondent les unes avec les autres. Il appelle cela une discussion intime. Et ses sculptures en ont exactement l'air.

Baselitz dit de lui-même qu'il travaille avec des dissonances, selon le principe de l'instabilité, selon celui de la destruction. Je n'en vois absolument rien. Car il n'a pas d'autre choix. Que signifie détruire? Qu'est-ce que cela signifie, «détruire» – chez un artiste? Détruire est une notion radicale. Cela veut dire couper quelque chose en morceaux, abîmer quelque chose. Que détruit un artiste finalement? L'idée que Baselitz puisse se décider pour le laid et contre le beau est absurde.

Ohne Titel, 1983
Untitled / Sans titre
Kohle und Rötel auf Papier / Charcoal and red chalk on paper / Fusain et crayon rouge sur papier, 61,3 × 43 cm
Köln / Cologne
Courtesy Galerie Michael Werner

«Mais on demande toujours – pas moi! –, mais les autres demandent toujours: ‹Pourquoi? Pourquoi fais-tu cela? Pourquoi tout cela a-t-il l'air si affreux? Pourquoi les pieds que tu as peints sont-ils si horribles?› A ce propos, je dois dire que je n'ai jamais senti comme cela. Mais que j'ai procédé de manière très sensible dans ma peinture – même si le résultat est affreux.»
(G. Baselitz dans un entretien avec P. M. Pickshaus, 1990)

Avec de telles déclarations, Baselitz conteste les espoirs que la société met dans l'art. Regardez le «Dîner à Dresde» (1983, repr. no. 116) de Baselitz. Personne ne peut me raconter que c'est un beau tableau. Cela mène immédiatement à la question philosophique: qu'est-ce qui est beau? Et les artistes font-ils quelque chose pour créer quelque chose de beau? Ou bien la beauté est-elle une grande porte au travers de laquelle des milliers de personnes passent sans discussion pour s'approcher de la chose des artistes? Peut-être l'artiste peut-il tout se permettre en présence de la beauté, mais il ne peut pas avoir l'audace de dire: «Je fais quelque chose de beau». Au contraire.

«L'harmonie est faite de tension. Pour créer l'harmonie, il faut divers éléments. Et quand on place ces éléments dans un rapport heureux, l'harmonie apparaît. Mais le chemin pour y parvenir est – et il ne peut absolument pas en être autrement – seulement accessible en passant par la dissonance. Tout ce que l'on voit et trouve heureux correspond à ce sentiment d'harmonie. Mais en tant qu'artiste, on ne peut pas travailler avec cette harmonie. En tant qu'artiste, on ne peut utiliser ce résultat harmonieux que quelqu'un a développé et atteint. On peut seulement l'utiliser dans la mesure où on le détruit. Il y a des livres à ce sujet: Kandinsky, Malévitch, Nay, Baumeister ont développé des théories dans le but d'atteindre l'harmonie en passant par là. On peut lire cela. Et quand on l'a lu, on ne peut à vrai dire que faire le contraire pour parvenir également à des tableaux. Et cela signifie que l'on doit détruire ces harmonies.
L'effet de la destruction en tant que tel est bref, arbitraire et non durable. Mais le résultat est durable parce qu'il établit une nouvelle harmonie.»
(G. Baselitz dans un entretien avec Ulrich Weisner, 1985)

Prendre

Baselitz n'est pas agressif. Baselitz est plutôt un champignon: une structure manquant totalement de consistance. Les tableaux comme «La grande nuit dans le seau» (1962/63; repr. no. 21) ou «Le Genou» (1963; repr. no. 37) sont en réalité des développements. Et pas autre chose. Il a dû les vivre d'abord lui-même. Au fond, cette comparaison, cette «pénétration champignonesque», se laisse appliquer à son œuvre entière.

Les tableaux datant de la période des manifestes démoniaques (1961 et 1962) n'ont pas été peints pour être contemplés, mais ils étaient pour Baselitz de véritables représentations. C'étaient des représentations de sa propre perception. Et des questions: que fais-tu en tant qu'homme? Où te trouves-tu en tant que peintre?

«Le champignonesque – c'est juste. C'est une bonne observation. Cela équivaut à une auto-destruction quand je dis maintenant: ‹C'est également valable pour moi. Je n'ai pas de stratégies›. C'est juste. J'ai d'autres choses: biographie, sentiments ou opinions. Ou origine. Tous ces trucs vagues. Mais pas de stratégie pour donner une réponse, formuler quelque chose, prépa-

rer quelque chose, amorcer quelque chose. Rien de semblable.»
(G. Baselitz dans un entretien avec P. M. Pickshaus, 1990)

Baselitz connaît bien Markus Lüpertz. Il y a des tableaux de Baselitz qui sont influencés par Lüpertz. Mais je ne connais aucun tableau de Lüpertz influencé par Baselitz. Baselitz a regardé les tableaux et s'est demandé s'il pouvait en faire quelque chose. Et là où il peut prendre, il tend la main!

«Je veux dire que quand je vois des tableaux qui m'enthousiasment, alors je me demande immédiatement: ‹Oui, s'ils t'enthousiasment, pourquoi ne les as-tu donc pas peints toi-même?› Les tableaux qui enthousiasment le plus sont toujours les plus proches. Il y a là bel et bien des choses interchangeables. Mais on peut difficilement procéder ainsi et dire: ‹Celui-ci l'a fait d'abord et celui-là l'a pris›.» (ibid.)

Prendre est également protéger. Ce n'est pas seulement dérober. Si l'idée est très bonne et si on la reprend dans l'œuvre, il peut se faire que l'autre, qui a eu l'idée, ne possède absolument pas la perspicacité nécessaire pour la travailler de façon convaincante et s'imposer avec.

Enracinement

Baselitz traîne après soi tous les dangers. Il y a là cette non-intellectualité qui lui est toujours reprochée. Aujourd'hui, on attend bel et bien d'un artiste qu'il développe une stratégie, qu'il possède une esthétique fonctionnant pratiquement comme un bâtiment. Et Baselitz refuse de rendre public ce bâtiment. Mais en vérité, il ne peut rien dire au sujet du bâtiment parce qu'il travaille constamment à l'édifice. Songez à la Sagrada Familia de Antoni Gaudí à Barcelone. Gaudí a laissé la Sagrada Familia inachevée. Il n'a jamais eu assez d'argent pour terminer sa cathédrale. Il est mort dans un accident de la circulation en 1926. Mais le point décisif est que la société n'ait pas pu non plus supporter de laisser la Sagrada Familia dans cet état inachevé. Au lieu de cela, d'autres ont continué à construire cet édifice. Si l'on prend au sérieux la notion d'«église», il n'y a alors pas de cathédrale, pas d'édifice achevé. Pour comprendre «église», il ne peut y avoir qu'un chantier. Chez Baselitz, il s'agit d'art. Attendez-vous d'un peintre vivant, qui travaille vraiment à sa maison, qu'il dise: «Les fenêtres seront vertes. Le toit sera bleu?» Ce sont de véritables handicaps.

«Je ne sais pas comment il peut en être autrement. Je ne me promène pas en demandant: ‹Que faut-il que je fasse? Pour quoi? Contre quoi? Que faut-il faire?› Je suis assis et je m'affaire avec les problèmes résultant du problème précédent et du problème précédant ce dernier. Je traîne donc avec moi pendant des années des choses qui réapparaissent constamment. Je travaille alors avec. Il faut que je les élucide. Les tableaux sont faits avec. Mais ni une voix positive ni une voix négative n'y est ajoutée. Aucune!»
(G. Baselitz dans un entretien avec P. M. Pickshaus, 1990)

Ce qui est passionnant est toutefois — et c'est une déduction de ma part — qu'aussi longtemps que ces questions sont posées: à quelle fin? Pourquoi? Où?, qu'aussi longtemps que ces choses ennuyeuses existent, cela prouve que la société, sans vraiment l'avouer, discerne exactement dans quel processus se trouve cet artiste.

«Les premières onomatopées et point, point, virgule, trait sont des créations véhémentes pour celui qui les fait. Ce n'est pas une théorie.»
(ds.: G. Baselitz «Das Rüstzeug der Maler», 1985)

Je rappelle la comparaison avec l'édifice. Baselitz est sur le point d'ériger cette maison. A un moment quelconque, quand le dernier tableau sera peint et que la dernière sculpture sera faite, cette maison sera terminée. La maison ne peut tout simplement pas être terminée avant.

«Le ventre parle sans ordre d'en haut. Je ne peux pas m'imaginer qu'on puisse faire des tableaux comme le réclament beaucoup d'Américains: sans déverser son âme sur la toile, sans se déculotter, sans verser de larmes et sans montrer le poing si on veut jouer à cache-cache ou peut-être seulement jouer à cache-cache parce qu'on est peut-être un pornographe.
Je suis toujours en retard parce que ma tête doit venir à bout d'elle-même d'une toute autre manière. Ce qui veut être dominé inlassablement est d'une toute autre nature. Je ne peux pas m'embarquer dans de telles spéculations. Je n'ai pas de place pour cela. C'est là le problème.»
(G. Baselitz dans un entretien avec Isabelle Graw, 1990)

Ce qui rend Baselitz suspect à la critique, pourquoi il est même dénoncé par elle, est sa profession de foi dogmatique en faveur de l'art figuratif. Ici, il se livre au sculpteur et minimaliste américain Donald Judd. Judd voit l'idéologie de la grandeur, de l'héroïque du côté du conservatisme. Pour lui, la peinture «néo-expressionniste» de Georg Baselitz est rétrograde. Baselitz est considéré comme un artiste non intellectuel parce qu'il ne fait pas de déclaration au sens d'un programme, d'une stratégie. Pour Baselitz, il s'agit beaucoup plus de saisir l'objet de son travail par l'activité elle-même. Cela rencontre, sinon l'incompréhension, du moins des difficultés de compréhension. Pour les Américains, l'œuvre d'art est un évènement social. Pour les Européens, l'œuvre d'art est une idéologie.

«Sur ce point, l'enracinement est un dilemme. Mais c'est comme cela. Et c'est également le principal point que j'ai découvert dans mon exposition à Zurich: du point de vue programme, on ne peut pas être international en tant qu'artiste. Je ne sais absolument pas comment il faut s'y prendre.»
(G. Baselitz dans un entretien avec P. M. Pickshaus, 1990)

Ralf III, 1965
Öl auf Leinwand / Oil on canvas / Huile sur toile, 100 × 80 cm
Priv. Slg. / Priv. coll. / Coll. priv.

Sans outils ni talent

«L'inventeur du grand projecteur de scène est Velázquez. Je me suis sauvé pendant ses essais d'éclairage. Une lumière aussi concentrée me donne le vertige. Peut-être la fuite était-elle une erreur, car ces outils me manquent maintenant. Il faut que je serre le magma coloré avec une corde.»
(ds.: G. Baselitz «Das Rüstzeug der Maler», 1985)
«Je dis travail ‹sérieux›, c'est peut-être vraiment le mot impropre. Mais je veux dire ce travail continuel additif sur le tableau. De jour en jour. Que l'on gagne vraiment quelque chose par son travail. Alors quelqu'un ne fait rien d'autre que dessiner chaque jour. Ce qu'il voit devant lui; ce qu'il vit; ce qu'il pense. Il l'esquisse dans des livres. Et il a développé un vocabulaire au fil des ans. C'est naturellement une base pour les tableaux. Il peut travailler avec. Il peut l'utiliser. C'est comme un journal de bord. On peut le consulter. Comme un malade qui tient son journal depuis de nombreuses années et peut lire des situations dans le passé: ce qu'il a pris, comment il en est venu à bout, etc.
Moi, je n'ai jamais pu le faire. Et je ne l'ai jamais voulu. Mon travail est d'un tout autre genre. Et c'est pourquoi je dis: «Je n'ai aucun talent». Chez moi, cela est dû au talent. Je peux, quand je vois quelque chose en face de moi, je peux seulement me forcer et dessiner cela par nécessité. Donc dessiner une

chaise parce que j'en ai justement besoin. Mais je ne peux jamais partir du principe que ce sera un bon dessin ou un dessin utile au sens artistique. Mais au contraire un dessin que je dois faire parce que je renverse ensuite la chose. J'ai besoin d'un point de repère. C'est pour ce genre de raisons que je fais cela. Mais ce n'est pas un travail ‹sérieux› qui aboutit à des tableaux. Au contraire, il a lieu dans un va-et-vient permanent, dans l'interruption – dans la confusion. Et c'est pour ainsi dire devenu mon programme. Ce n'est pas constructif, mais plus biographique ou caractériel.»
(G. Baselitz dans un entretien avec P. M. Pickshaus, 1990)

Il y a dans l'art la très intéressante notion d'imitation, de contrefaçon. Et il y a des gens très sensibles qui n'ont plus d'idées, qui ne sont pas non plus de grands artistes, mais qui travaillent dans ce domaine. Et ils croient alors, parce qu'il y a une grande vérité dans les tableaux, qu'ils doivent suivre cette vérité. Mais ils ne peuvent pas fournir quelque chose de personnel.

«Il y a une tradition de l'étude de la nature pour les artistes, elle commence en règle générale à l'école dans le cours de dessin et cette orientation se base sur le dessin de Raphaël. Sur ce genre de naturalisme. C'est la règle. Et je ne possède pas cette règle. C'est ce que je veux dire par talent. Rien d'autre! Donc, je ne peux pas transcrire à la Raphaël quelque chose que je vois avec un crayon sur un morceau de papier. Je ne le peux pour ainsi dire que maladroitement. C'est un handicap pour un peintre.
D'autre part, les peintres ne sont pas obligés d'être des interprètes. Comprenez, c'est un domaine très différent. Malheureusement, en peinture, il n'y a pas ce domaine des interprètes comme en musique. Malheureusement. Car autrement, on pourrait faire le tri beaucoup plus facilement: ce peintre-ci est un interprète, et celui-là est un inventeur.»
(ibid.)

Le manque de talent est juste. Mais chez Baselitz, il faut être prudent. Il renseigne, et c'est seulement quand le renseignement est examiné qu'on est informé. On n'a besoin d'aucun talent pour être un génie!

Décret biographique

«Quand je regarde en arrière, je vois que j'ai peint 500 tableaux. Si je vais dans une grande exposition qui m'est consacrée et que je vois des tableaux que j'ai faits depuis vingt ans, je suis à côté et pense: ‹Bizarre. Qu'est-ce que c'est au juste?› N'est-ce pas?! Je n'en sais plus rien et ne m'y retrouve pas. Je suis là, comme dans l'exposition d'un autre. Et si je suis dépaysé, il faut que je réfléchisse: ‹Où cela est-il à sa place? Dans quel contexte peut-on voir cela? Tout cela est-il absurde? Ou où est-ce à sa place?› (...) Et l'on voit dans l'exposition le genre de type de celui qui a fait tout cela – le peintre.»
(ibid.)

Je me demande par exemple pourquoi il n'y a guère d'enfants dans son œuvre? Ou pourquoi il y a dans l'un de ses premiers dessins à l'encre de Chine une croix avec un cœur dedans? Ce sont des références biographiques qui sont au fond entièrement cachées.

«Dahlem pense enfin que j'ai en réserve quelque chose que je ne veux pas dévoiler. C'est faux. Si cela était, je m'entourerais de spéculations. (...) Je me suis naturellement servi de toute la dramaturgie dont on peut se servir quand on peint un tableau. Mais ces relations psychiques sont tout à fait insignifiantes. Elles n'élucident rien.»
(ibid.)

Dans sa biographie ou dans ses interviews, Baselitz ne donne pas de renseignements à propos des évènements contemporains qui l'ont incité à la réflexion, à la méditation ou à l'attitude pro ou contre. Mais il a dû y avoir quelque chose. Il a dû remarquer quelque chose. Nous sommes tous constamment, quotidiennement influencés par quelque chose – par exemple par les informations. Mais chez Baselitz, je ne découvre rien. Chez lui, il n'y a pas de rapport actuel. Aucun évènement, aucun évènement contemporain ne joue un rôle dans ses déclarations.

«Quelqu'un qui écrivait un texte relatif aux nouvelles sculptures que j'ai faites cette année, ‹Les Femmes à Dresde›, m'a récemment demandé si elles ont quelque chose à faire avec le bombardement de Dresde. Il sentait aussi qu'elles avaient l'air laides et tourmentées par la douleur. Comprenez, là on ne peut plus rien répondre à cela.»
(ibid.)

Ce qui rend Baselitz plus vulnérable à mes yeux ne doit pas nécessairement être en rapport avec cette époque. Toute cette génération a vécu cela. Au fond, nous n'avons pas été marqués par le développement intellectuel dans ce pays, c'est le caractère problématique du développement intellectuel qui nous a marqués. Ce qui en reste est le climat provincial qui régnait alors et est aujourd'hui encore plus fort. Si voir est une phase de la connaissance, alors ceux qui préfèrent l'aveuglement à toute connaissance comme un moindre mal ne sont pas en mesure de lier quelque chose de personnel à ce renoncement. Ils sont les plus pauvres parmi les pauvres. Quel avantage y aurait-il pour de tels gens si l'immuable était leur conscience commune?

«Il y a naturellement des choses qui ne permettent absolument pas de baisser sa culotte. Qui l'interdisent simplement et qui vous l'interdisent. Peut-être cela a-t-il quelque chose à faire avec l'éducation. Je pense que c'est là la principale raison. (...) Peindre des tableaux est aussi une forme de réaction. (...) Dans un manifeste, j'ai dit un jour: ‹Décret biographique›, 1963. Et cela a dû être une sentence visionnaire de ma part. Car c'est vraiment ainsi. Si j'étais né différent, si j'étais né ailleurs, dans d'autres conditions, j'aurais certainement pu faire des tableaux plus heureux.»
(ibid.)

Franz Dahlem, Sinzig, 1er novembre 1990

GALERIE MICHAEL WERNER BERLIN 15 PFALZBURGER STR. 80
WERKTAGS GEÖFFNET VON 10⁰⁰-13⁰⁰ UND VON 15⁰⁰-19⁰⁰

BASELITZ

1. orthodoxer Salon

Werke/ Works/ Œuvres
1959—1965

*»Das Kunstwerk entsteht im Kopf eines
Künstlers und bleibt auch im Kopf des
Künstlers. Es gibt keine Korrespondenz mit
irgendwelchem Publikum.«*

*»The work of art originates in the artist's
head and stays in the artist's head. There is
no correspondence with any sort of public.«*

*»L'œuvre d'art naît dans la tête d'un artiste
et reste aussi dans la tête de l'artiste. Il n'y a
pas de correspondance avec un public quelconque.«*

2   Onkel Bernhard, 1958 (22,2 x 31,1 cm)

4   Anamorphotischer Kopf, 1961 (29,5 x 20,9 cm)

3   G., 1961 (29,7 x 21 cm)

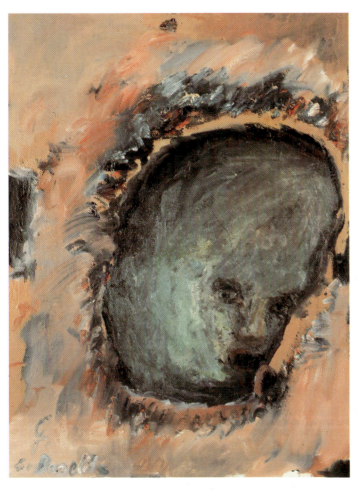

5   G.-Kopf, 1960/61 (135 x 100 cm)

6   Der Orientale – Kranker Orientale – Vision – Glaubensträger, 1959 (90 x 70 cm)

7   *Ferdinand von Rayski*: »Selbstbildnis in der Schnürenjacke«, c. 1839 (29,9 x 24 cm)

8   Rayski-Kopf, 1959 (29,6 x 21 cm)

»Es handelt sich um kleine Formate, in deren Zentrum sich jeweils eine große Nase befand. Imaginäre Portraits des Malers von Rayski also, dessen Bilder mir mein Onkel in Dresden gezeigt hatte, und die mich sehr beeindruckt hatten. Diese Malerei kam noch aus der Schule des Tachismus, aber auf jedem Bild gab es bereits einen Haken. Dieser Haken, das war die Nase, oder ein Beutel, oder eine Träne. Diesen Haken habe ich immer wieder gebraucht. Und damit fingen die Schwierigkeiten an.«

»There were small-format works, with a large nose in the centre of each picture: imaginary portraits of the painter von Rayski. My uncle had shown me some of his pictures in Dresden, and I was very impressed by them.
This style of painting was still influenced by Tachisme, but in each picture, there was a hook. The hook was the nose, or a tear sac or a tear. I kept on putting these hooks in my pictures. And that's where the trouble started.«

»Il s'agissait de petits formats au centre desquels se trouvait chaque fois un grand nez. Donc des portraits imaginaires du peintre von Rayski, dont mon oncle m'avait montré les tableaux à Dresde, et qui m'avaient vivement impressionné. Cette peinture était encore influencée par le tachisme, mais il y avait déjà un crochet dans chaque tableau. Ce crochet, c'était le nez, ou un petit sac ou une larme. J'ai employé ce crochet à plusieurs reprises. Et c'est là que les difficultés ont commencé.«

10   *Carl Frederik Hill*: »August Strindberg«, n. d. (41,5 x 34 cm)

9   Kopf, 1958/59 (17,4 x 15 cm)

11　Portrait F. v. Rayski III, 1960 (100 x 80 cm)

Rechtsanwalt Dr. Ronge in der Galerie Werner & Katz vor dem Bild »G.Antonin«, Berlin 1963. Die Staatsanwaltschaft läßt zwei Bilder beschlagnahmen.

Dr. Ronge the lawyer at Galerie Werner & Katz in front of »G. Antonin«, Berlin 1963. The public prosecutor confiscates two pictures.

Dr. Ronge, avocat, dans la Galerie Werner & Katz, devant le tableau »G. Antonin«, Berlin 1963. Le ministère public confisque deux tableaux.
Photo: Heinz Wunnicke

»Es gab einfach einen Prozeß wegen Schweinerei, wegen Vertreibung unzüchtiger Bilder. Die Malerei war nicht gemeint. Der Skandal entzog sich dem Kunstbetrieb. Und die Tachisten, oder die Interpreten des Tachismus, die meinen, das sei Pornographie. Die haben das überhaupt nicht verstanden. Die Meinung war, und das war ja so eine wunderschöne Sache in den 50er und 60er Jahren, daß alle sagten: Alle Türen sind offen. Es gibt kein Problem, wir sind frei. Wir leben in einer freien Gesellschaft. Man muß nichts einreißen. Es gibt keine Tabus. Und dann dieses lächerliche Bild.«

»There was a court case on a charge of distributing obscene pictures. It was a public hue-and-cry which had nothing to do with painting or the art world. And the Tachists, or the interpreters of Tachisme, thought it was pornographic. They completely failed to understand it.
The wonderful thing about the 1950s and 60s was the general feeling that all the doors were open. People said: there's no problem, we're all free. We live in a free society. There's no need to demolish anything, there are no taboos. And then came this ridiculous picture.«

»Il y eut tout simplement un procès pour cause d'obscénité, pour cause de vente de tableaux lascifs. Il ne s'agissait pas de peinture. Le scandale échappa à la scène artistique. Et les tachistes, ou les interprètes du tachisme, dirent que c'était de la pornographie. Ils n'y ont absolument rien compris. Le sentiment était, et c'était un chose merveilleuse dans les années 50 et 60, que tous disaient: ›Toutes les portes sont ouvertes. Il n'y a pas de problème, nous sommes libres. Nous vivons dans une société libre. Il ne faut rien casser. Il n'y a pas de tabous›. Et puis ce ridicule tableau.«

13   *Antonin Artaud*: »Selbstportrait«, 1946 (63 × 49 cm)

12   Antonin Artaud, 1962 (25,6 × 21,1 cm)

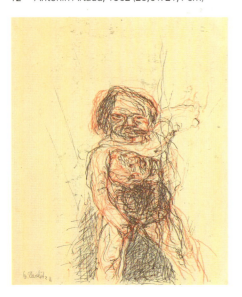

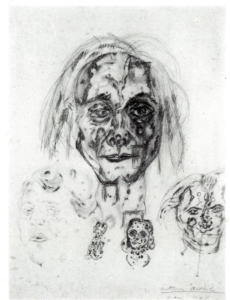

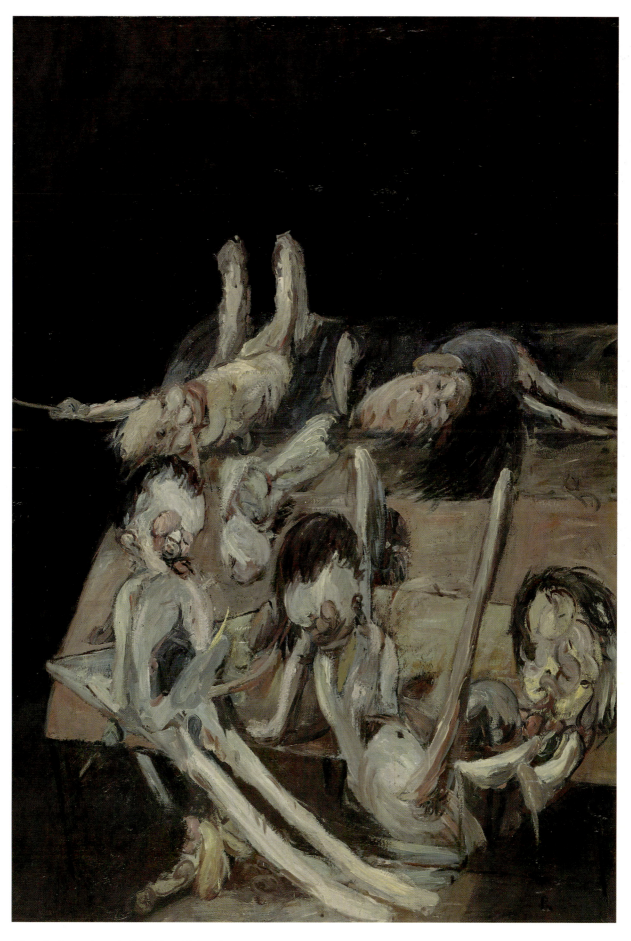

14　G. Antonin, 1962 (250 x 180 cm)

15   Der Haken, 1962 (100 x 80 cm)

16   P.D. Stengel, 1963 (130 x 90 cm)

17   Der Acker, 1962 (189 x 139 cm)

H. P. Schwerfel: »Das große Bild der Aggression und der Abrechnung aus dieser Zeit, ›Die große Nacht im Eimer‹, hat Franz Dahlem einmal einen ›Tritt in die Eier der Deutschen‹ genannt.«
G. Baselitz: »Das ist ein sehr guter Satz, den er da gesagt hat. Aber Dahlem empfand so, zehn Jahre, nachdem ich das Bild gemalt hatte. Die ursprüngliche Reaktion war ja durchaus eine andere. Auch wenn man es unbewußt vielleicht so empfunden hat, wobei ich nicht weiß, ob die Leute wirklich Eier hatten, wo ich hätte reintreten können.
›Die große Nacht im Eimer‹ war ein provokantes Bild, auch die Haltung, meine Position, war so gemeint. Aber gezielt hätte ich im übrigen gar nicht treten können. Weil das Übel viel zu vielschichtig war. Wen hätte ich schon präzise anpeilen sollen? Die Akademie, die Politiker, den Mann von der Straße?«

H. P. Schwerfel: »Franz Dahlem once said that your most aggressive, rancorous picture from this period, ›Big Night Down the Drain‹, gave the Germans a kick in the balls.«
G. Baselitz: »That's very neatly put. But Dahlem said that ten years after I painted the picture. The initial reaction was quite different. Perhaps that's what people felt on a subconscious level, but I don't know if they really had any balls for me to kick.
›Big Night Down the Drain‹ was a provocative picture, reflecting my attitude, my position. But I had no real target: the problem was far too complex. Who was I supposed to aim at? The Academy, the politicians, the man on the street?«

H. P. Schwerfel: »Franz Dahlem a dit un jour que la grande toile de l'aggression et du règlement de compte de l'époque, ›La grande nuit dans le seau‹, était un ›coup de pied dans les couilles des Allemands‹.«
G. Baselitz: »C'est une excellente phrase qu'il a dite là. Mais Dahlem a ressenti cela dix ans après que j'aie peint le tableau. La réaction originale fut absolument différente. Même si les gens l'ont peut-être ressenti inconsciemment, je ne sais pas s'ils avaient vraiment des couilles dans lesquelles j'aurais pu donner un coup de pied.
›La grande nuit dans le seau‹ était un tableau provocant, traduisant mon attitude, ma position. Mais je n'aurais au reste pas pu donner un coup de pied au visé. Parce que le mal était beaucoup trop varié. Qui aurais-je donc dû repérer avec précision? L'académie, les politiciens, l'homme de la rue?«

19   Zeichnung nach Wrubel, 1963 (43,8 x 26,5 cm)

20   Ohne Titel, 1963 (33 x 19,5 cm)

18   Ohne Titel, 1963 (48,5 x 31,7 cm)

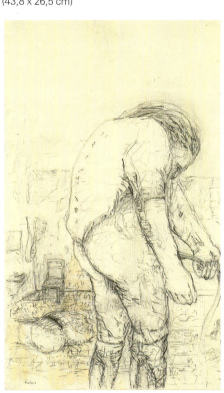

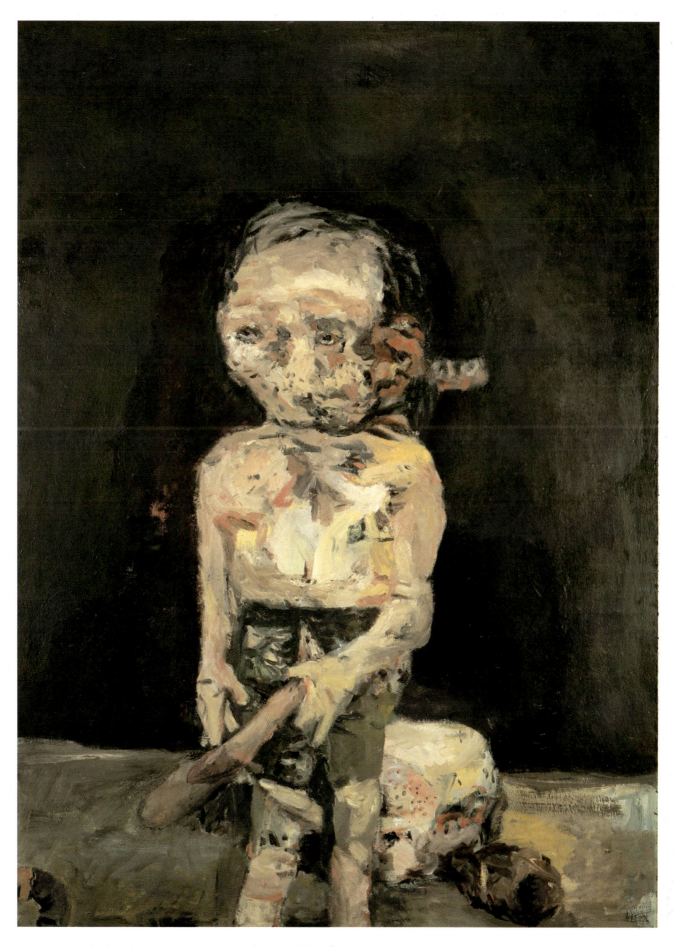

21   Die große Nacht im Eimer, 1962/63 (250 x 180 cm)

*»Aber ich gehe von der Disharmonie aus,
vom Häßlichen, von der großen Nase, von
dem triefenden Auge, von dem Stoppelhaar,
vom Dreibein, von zu großen Füßen und
so.«*

*»But my point of departure is disharmony
and ugliness: big noses, weeping eyes,
shaven heads, three-legged figures, outsize
feet and so forth.«*

*»Mais je pars justement de la dissonance, de
la laideur, du grand nez, de l'œil chassieux,
de la barbe de plusieurs jours, du trépied, de
trop grands pieds, etc.«*

Blick in die Ausstellung »Georg Baselitz. Gemälde, Handzeichnungen,
Druckgraphik«, Kunsthalle Köln, 1976.
View of the exhibition »Georg Baselitz. Gemälde, Handzeichnungen,
Druckgraphik«, Kunsthalle Köln, Cologne, 1976.
Vue de l'exposition »Georg Baselitz. Gemälde, Handzeichnungen, Druck-
graphik«, Kunsthalle Köln, Cologne, 1976.
Photo: Courtesy Galerie Michael Werner

Blick in die Ausstellung »Georg Baselitz. Paintings 1960−83«, Whitechapel
Art Gallery, London, 1983.
View of the exhibition »Georg Baselitz. Paintings 1960−83«, Whitechapel
Art Gallery, London, 1983.
Vue de l'exposition »Georg Baselitz. Paintings 1960−83«, Whitechapel Art
Gallery, Londres, 1983.
Photo: Courtesy Galerie Michael Werner

22   Ohne Titel, 1961 (29,5 x 20,9 cm)

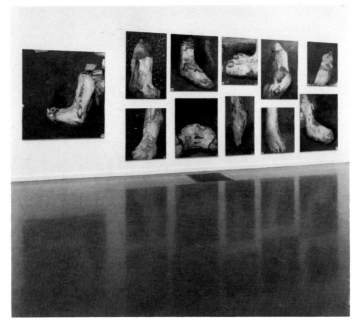

23   Alte Heimat – Scheide der Existenz – Vierter P. D. Fuß, 1960/63 (130 x 90 cm)

24 Fünfter P. D. Fuß – Russischer Fuß,
1963 (130 x 81 cm)

25 P. D., 1960/63 (115 x 100 cm)

26 Achtes P. D. – Die Hand, 1963
(100 x 81 cm)

27 2. P.D. Fuß – Alte Heimat., 1960/63
(120 x 90 cm)

28 Der Fuß – 1. P.D., 1963 (100 x 81 cm)

29 Alte Heimat – Scheide der Existenz –
Vierter P.D. Fuß, 1960/63 (130 x 90 cm)

30 6. P.D. Fuß, 1963 (100 x 81 cm)

31 P.D. Fuß, 1963 (125 x 65 cm)

32 Kelte – P.D. Fuß, 1963 (100 x 81 cm)

33 Dritter P.D. Fuß, 1963 (130 x 100 cm)

24

25

26

27

28

29

30

31

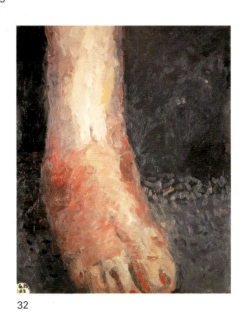

32

33

69

34   Oberon, 1964 (30 x 24,8 cm)

Michael Werner vor »Oberon«.
Michael Werner in front of »Oberon«.
Michael Werner devant »Obéron«.
Photo: Courtesy Galerie Michael Werner

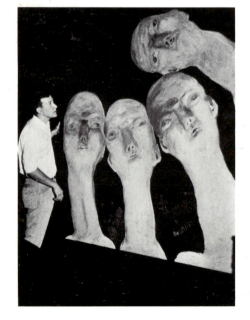

35   Oberon – 1.Orthodoxer Salon 64 – E. Neijsvestnij, 1963/64 (250 x 200 cm)

36　Ein Bein, 1988 (130 x 97 cm)　　　　　37　Das Knie, 1963 (98 x 70 cm)

38   Die Hand – Das brennende Haus, 1964/65 (135 x 99 cm)

44 Peitschenfrau, 1964 (62,5 x 48,8 cm)

46 Ohne Titel, 1963 (48,5 x 31,5 cm)

47 Ohne Titel, 1963 (48,5 x 31,5 cm)

45 Peitschenfrau, 1964 (62,5 x 48,8 cm)

48　Mann im Mond – Franz Pforr, 1965 (162 x 130 cm)

RUDOLF SPRINGER · MICHAEL WERNER
zeigen vom 29. Januar bis 12. Februar 1966

BASELITZ*

Warum das Bild „Die großen Freunde" ein gutes Bild ist!

Das Bild ist ein Idealbild, ein Geschenk Gottes, unumgänglich. – eine Offenbarung. Das Bild ist die fixe Idee der Freundschaft aus der pandämonischen Verschanzung gezogen und auf dem Weg wieder dorthin zu versinken –, laut biografischem Ratschluß. Es ist zwedkräftig, weil hinter der Leinwand mehr ist, als man meinen könnte. Die Prinzipien des Bildes, Farbe, Aufbau, Form usw. sind wild und rein. Es ist rund an allen Ecken. Auf Leimruten wurde verzichtet. Es ist schwarz-weiß. Die Ornamente sind Schlüssel. Der Maler hat sich selbst unter die Hose geguckt und seine Ökonomie auf die Leinwand gemalt. Er hat es soweit gebracht, daß die Häschen in den Klee gegangen sind und die Entchen Federn ließen. Es ist gut und blättert nicht ab. Es ist gesund und munter, weil es alle Merkmale nicht enthält, die dem widersprächen.

An formalen Kriterien

1. Regressionen wie: Lebkuchenformen, spielerische Tendenzen, Bilderschrift
2. Bildnerische Verzerrungen wie: Üppiges Wuchern, Zuckerbäckerei, schwülstiges Pathos, komisch Groteskes, Ohrmuschelstil
3. Verdichtungen wie: Bildsalat, Hirselopf-Effekt, ornamentales Füllwerk, Schrittelemente, Kombination heterogener Materialien
4. Neomorphismen wie: Verkrüppeltes, Verkümmertes, Fratzenhaftes, Verdoppelung an Köpfen, monströse Neubildungen, Kombinationen von Mensch und Tier oder Mensch und Landschaft usw.
5. Stereotypien wie: Wiedergabe von Formdetails, ornamentale, flächenfüllende Iteration, „Zu-Tode-Hetzen"
6. Erstarrungen wie: Schematisierung, Umrahmung des Bildes, Fehlen von Schatten, „Hart-wie-Kruppstahl-Effekt"
7. Zerfall wie: Mißachtung des Raumes, Kompositionsverlust, linearer, flächiger, bruchstückhafter Unsinn, Zerweichung der Physiognomie

An inhaltlichen Kriterien

1. Ungegenständliches wie: Formlose Kritzel und Schnörkel, Organformen, geometrisch-lineare Darstellungen, Teppicheffekt
2. Gegenständliches wie: „Apparate", „Erfindungen", Landkartenähnliches, linear gegliederte, minutiös ausgeführte Landschaften, Mondlandschaften, Religiöses, Kosmisches, Magisches, Allegorisches, Griechisches, Orientalisches, Märchen, Wald- oder Urwald-Motive, Waffen, Schlachtenszenen, Schweinisches, Obszönes, Groß-darstellungen (z. B. einer Hand), starre Augen, einzelne Augen, einzelne Augchen, einzelne Öhrchen, Herzchen, Schwänzchen, Muschis, Vögelein, Fischlein, Insekten, Schneckerl, Schnuckelis, Würmer, Schlangen, Fäden, Esel oder Pferdchen, horntragende Tierchen, Raubtierchen, Häschen, Entchen, Täubchen, Feuer, Flämmchen, Gewitter, Sonne, Mond und Sternchen, Spiegelchen, Kirchen, Ruinen, Kreuze, Särge, Glöckchen, Fähnchen, Springbrunnen, Uhren, Musikinstrumente, Schiffe, Flugzeuge usw.

Das Bild ist bar aller Zweifel. Der Maler hat in aller Verantwortlichkeit eine aktuale Parade abgehalten.   G. B.

GALERIE SPRINGER BERLIN

Kurfürstendamm 16   Telefon 91 49 00

*Maler (28) Aus seiner ersten Ausstellung 1963 wurden die Bilder „Die große Nacht im Eimer" und „Der nackte Mann" beschlagnahmt. Einstellung des Verfahrens gegen Maler und Galerie-inhaber und Freigabe der Bilder Ende 1965. Einstellungsbeschluß siehe „Der Monat", Feb. 1966, Nr. 209 und „Der Fall Baselitz", in „Der Monat", Aug. 1965, Nr. 203.

Werke/Works/Œuvres
1965–1969

Georg Baselitz vor »Der Dichter«, 1965.
Georg Baselitz in front of »The Poet«, 1965.
Georg Baselitz devant »Le Poète«, 1965.
Photo: Courtesy Galerie Michael Werner

»Im Rinnstein lagen die Dichter,
Ihren Leib im Morast.
Die Spucke der ganzen Nation
schwamm auf ihrer Suppe.
Sie sind zwischen Schleimhäuten
in die Wurzelbereiche der Menschen
gewachsen.
Ihre Flügel trugen sie nicht in den Himmel –
sie haben die Federn in Blut getaucht,
keinen Tropfen vergeudet beim Schreiben –
aber der Wind trug ihre Lieder,
die haben den Glauben erschüttert...«
(aus: Pandämonisches Manifest I,
2. Version, 1961)

»The poets lay in the gutter,
their bodies in the mire.
The spit of the entire nation
floated on their soup.
They have grown between mucous
membranes
into the roots of the people.
Their wings did not carry them up
to heaven ⊤
they have dipped their pens in blood
and wasted not a drop in writing –
but the wind carried their songs,
they have shaken belief...«
(From G. B., Pandämonisches Manifest I,
2nd version, 1961)

»Les poètes gisaient dans le ruisseau,
le ventre dans la boue.
Les crachats de toute la nation
flottaient sur leur soupe.
Ils ont grandi entre des muqueuses
dans les racines des hommes.
Leurs ailes ne les ont pas portés jusqu'au ciel –
ils ont plongé leur plume dans le sang,
n'en ont pas gaspillé une seule goutte en écrivant –
mais le vent a porté leurs chants,
ils ont ébranlé la foi...«
(ds.: G. B., Pandämonisches Manifest I,
2e Version, 1961)

49   Der Dichter, 1965 (162 x 130 cm)

50   *Francesco Parmigianino*: »Madonna dal
collo lungo«, 1534–40 (216 x 132 cm)

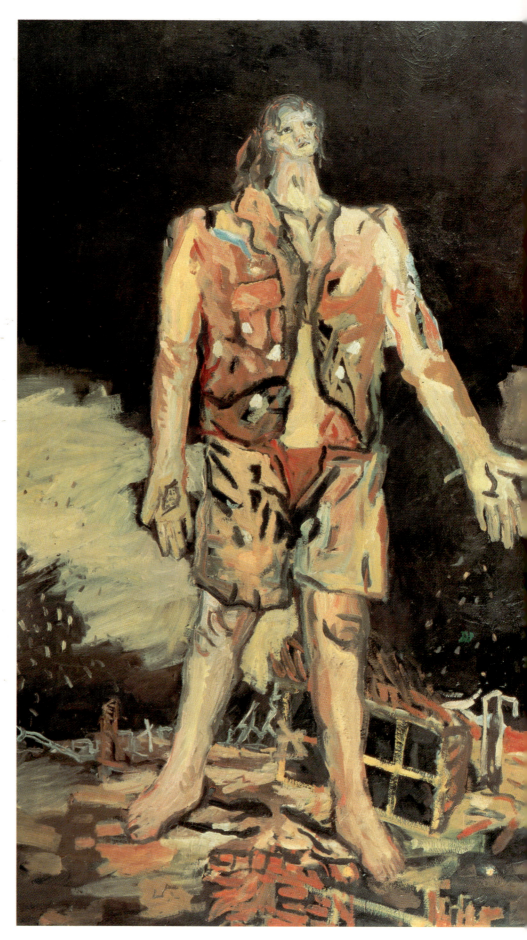

51   Die großen Freunde, 1965 (250 x 300 cm)

»Das Bild ist ein Idealbild, ein Geschenk Gottes, unumgänglich – eine Offenbarung. Das Bild ist die fixe Idee der Freundschaft aus der pandämonischen Verschanzung und auf dem Weg wieder dorthin zu versinken –, laut biographischem Ratschluß. Es ist zweideutig, weil hinter der Leinwand mehr ist, als man meinen könnte. Die Prinzipien des Bildes: Farbe, Aufbau, Form usw. sind wild und rein. Es ist rund an allen Ekken... Die Ornamente sind Schlüssel. Der Maler hat sich selbst unter die Hose geguckt und seine Ökonomie auf die Leinwand gemalt.«

»The picture is an ideal image, a gift from God, unavoidable – a revelation. The picture is the ›idée fixe‹ of friendship dragged up from the pandemonic entrenchment and on the point of sinking back there once again – by biographical decision... It is ambiguous, since there is more behind the canvas than one might think. The principles of the picture – colour, structure, form etc. – are wild and pure. All its corners are round... The ornaments are keys. The painter has looked inside his own trousers and painted their economy on the canvas.«

»Le tableau est un tableau idéal, un don du ciel, inéluctable – une révélation. Le tableau est l'idée fixe de l'amitié issue du retranchement des démons et en voie de s'y engloutir à nouveau –, selon les décrets biographiques. Il est ambigu parce qu'il y a derrière la toile plus qu'on pourrait le penser. Les principes du tableau: couleur, construction, forme, etc. sont violents et purs. Il est rond de toutes parts... Les ornements sont des clefs. Le peintre a regardé dans sa culotte et a peint l'économie de son corps sur la toile.«

52   Ein neuer Typ, 1965 (48,7 x 31,7)   53   Ohne Titel, 1965 (35 x 20 cm)   54   Ohne Titel, 1966 (40 x 35 cm)

Blick in die Ausstellung »14 × 14 – Junge deutsche Künstler«, Staatliche
Kunsthalle Baden-Baden, 1968.
View of the »14 × 14 – Young German Artists« exhibition, Staatliche
Kunsthalle Baden-Baden, 1968.
Coup d'œil dans l'exposition »14 × 14 – Jeunes artistes allemands«, Staat-
liche Kunsthalle Baden-Baden, 1968.
Photo: Ludwig Rinn

55   Schwarz Weiß, 1966 (162 × 130 cm)

56   Ohne Titel, 1969 (250 x 200 cm)

57   Zwei Hunde aufwärts, 1967/68 (162 x 130 cm)

»Vor jenen ersten Bildern mit umgekehrtem Motiv wie dem ›Mann am Baum‹ habe ich natürlich schon ein Jahr lang herumexperimentiert, weil ich eben immer auf der Suche nach dem ›neuen Bild‹ war. Und davor habe ich jahrelang Bilder gemalt, die schon bestimmte Elemente der Motivumkehr vorwegnahmen, wenn auch nicht in dieser Kraßheit. Etwa die Fraktur-Bilder, in denen das Motiv fragmentiert oder verschoben wurde, um schließlich frei auf der Leinwand herumzuwandern.«

»Before I painted the first pictures with inverted motifs, such as ›The Man by the Tree‹, I experimented with different ideas for a whole year, continually searching for the ›new‹ picture. And prior to that, I had spent several years painting pictures which anticipated certain elements in the inversion of the motif, although they were less radical: the ›Fracture Pictures‹, for example, in which the motif is fragmented or displaced and finally allowed to wander at will around the canvas.«

»Avant de faire les premières toiles au motif renversé telles que ›Hommes contre un arbre‹, j'ai naturellement expérimenté pendant un an, parce que j'étais précisément toujours à la recherche du ›nouveau‹ tableau. Et avant, j'ai peint pendant des années des tableaux anticipant déjà sur certains éléments du renversement des motifs, quoique pas avec cette brutalité. Les tableaux fracturés par exemple, où le motif a été fragmenté ou déplacé, pour finir par vagabonder librement sur la toile.«

58   Waldarbeiter, 1968 (250 x 200 cm)

59 Der Baum I, 1965/66 (162 x 130 cm)

60 Das Motiv: Der Baum, 1988 (146 x 114 cm)

61 *Ferdinand von Rayski*: »Landschaft«
(Waldstudie zur ›Jagdpause im Wermsdorfer
Wald‹), c. 1859 (105 x114 cm)

»*Das Objekt drückt rein gar nichts aus. Ma-
len ist kein Mittel zum Zweck. Im Gegenteil,
Malen ist autonom. Und ich sagte mir, wenn
dies so ist, dann muß ich all das, was immer
Gegenstand der Malerei gewesen ist – z. B.
Landschaft, Porträt, Akt-, nehmen und um-
gekehrt malen. Das ist der beste Weg, eine
Darstellung vom Inhalt zu befreien.*«

»*The object expresses nothing at all. Painting is not a means to an end. On the contrary, painting is autonomous. And I said to
myself: if this is the case, then I must take
everything which has been an object of
painting – landscape, the portrait and the
nude, for example – and paint it upside-
down. That is the best way to liberate re-
presentation from content.*«

»*L'objet n'exprime absolument rien. Peindre
n'est pas un moyen pour parvenir à ses fins.
Au contraire, peindre est un acte indépen-
dant. Et je me disais, si c'est comme cela, il
faut que je prenne tout ce qui a toujours fait
l'objet de la peinture – par exemple paysage,
portrait, nu –, et le peigne la tête en bas.
C'est le meilleur moyen de libérer une représentation de son contenu.*«

62   Der Wald auf dem Kopf, 1969 (250 x 190 cm)

Werke/Works/Œuvres
1969−1980

Seite/Page 90:
Blick in die Ausstellung »Georg Baselitz (Bilder)«, Galerie Franz Dahlem, Köln, 1970.
View of the Exhibition »Georg Baselitz (Pictures)«, Galerie Franz Dahlem, Cologne, 1970.
Coup d'œil dans l'exposition »Georg Baselitz (Peintures)«, Galerie Franz Dahlem, Cologne, 1970.

63 Ralf W./Penck – Kopfbild, 1969 (162 x 130 cm)   64 Da. Portrait – Franz Dahlem, 1969 (162 x 130 cm)

65   Portrait Elke I, 1969 (162 x 130 cm)

66   Fünfziger Jahre Portrait – M.W., 1969 (162 x 130 cm)

67   Adler, 1981 (100 x 80 cm)

68   Adler, 1972 (205 x 90 cm)

»Ich habe mich zum Beispiel entschieden, 1969 oder ab 1969, und nachher immer noch, auf erzählerische oder inhaltliche Dinge in einem Bild zu verzichten und nur noch das zu behandeln, was man in der Malerei üblicherweise verwendet. Also Landschaft, Akte, Portraits, Stilleben usw. Das ist eine Entscheidung, und die gibt eine ganz bestimmte Richtung an und engt auch ein. Aber im Sinne des Gebildes, wie Sie es meinen, bringt das, glaube ich, sehr viel.«

»For example, I decided in 1969, or from 1969 onwards, to dispense with narrative and content and deal only with the things that painting normally uses: landscape, the nude, the portrait, the still life and so forth. That is a decision which defines a certain path and has a constricting effect. But in terms of the overall image, I think it pays off.«

»J'ai par exemple décidé, en 1969 ou à partir de 1969 et encore après, de renoncer dans un tableau à des choses se rapportant à la narration ou au contenu et de ne plus traiter que ce que l'on emploie normalement dans la peinture. Donc paysage, nus, portraits, natures mortes, etc. C'est une décision, et elle indique une direction bien précise et limite aussi. Mais dans l'esprit de la création dont vous parlez, cela apporte, je crois, beaucoup.«

69   Fingermalerei I – Adler – à la, 1971/72 (200 x 130 cm)

Photovorlage / Original photo / Photo ayant servi de modèle.

70   Bäume, 1974 (49,5 x 32,8 cm)

»Die Hierarchie, in der der Himmel oben und die Erde unten liegt, ist ja ohnehin nur eine Verabredung, an die wir uns zwar gewöhnt haben, an die man aber durchaus nicht glauben muß. Mir geht es grundsätzlich nur um die Möglichkeit, weiter Bilder malen zu können.«

»The hierarchy which has located the sky at the top and the earth at the bottom is, in any case, only a convention. We have got used to it, but we don't have to believe in it. The only thing that interests me is the question how I can carry on painting pictures.«

»La hiérarchie, selon laquelle le ciel se trouve en haut et la terre en bas, n'est de toute façon qu'une convention à laquelle nous nous sommes habitués, mais à laquelle nous ne sommes pas obligés de croire. Pour moi, il s'agit uniquement de savoir si je peux continuer à peindre des tableaux.«

71   Birkenallee – Teichdamm, 1974/75 (250 x 180 cm)

72   Elke V, 1976 (200 x 162 cm)

73   Elke 4, 1977 (250 x 200 cm)

74   Fingermalerei – Schwarze Elke, 1973 (162 x 130 cm)

Atelier Derneburg, 1975. Links: »Portrait Fred Jahn«, 1974.
Mitte: »Fingermalerei – Schwarzer Akt«, 1973.
Derneburg studio, 1975. Left: »Portrait Fred Jahn«, 1974.
Centre: »Finger Painting – Black Nude«, 1973.
Derneburg Studio, 1975. A gauche: »Portrait Fred Jahn«, 1974.
Centre: »Peinture au doigt – Nu noir«, 1973.
Photo: Balthasar Burkhard

75   Sitzender männlicher Akt – Marokko, 1976
(250 x 200 cm)

76   Maler mit Segelschiff, 1982 (250 x 200 cm)

77   Dreieck zwischen Arm und Rumpf, 1973 (250 x 180 cm)

Elke und Georg Baselitz, Berlin, 1965.
Elke and Georg Baselitz, Berlin, 1965.
Elke et Georg Baselitz, Berlin, 1965.

78   Schlafzimmer, 1975 (350 x 250 cm)

79   Zwei Gebückte, 1977 (150 x 200 cm)

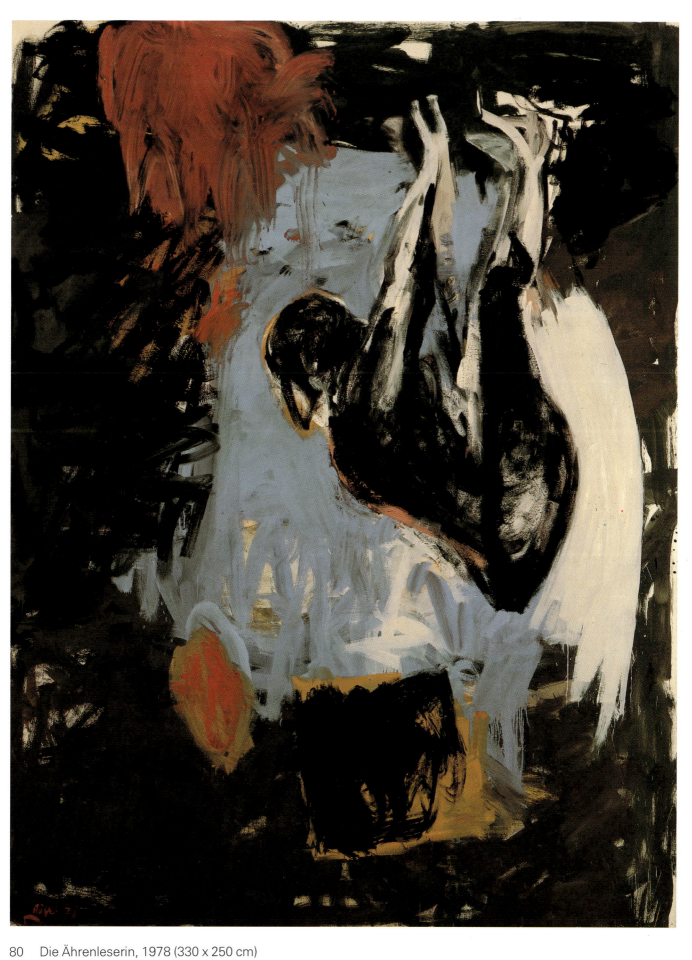

80   Die Ährenleserin, 1978 (330 x 250 cm)

Georg Baselitz vor dem Diptychon »Das Atelier« in Derneburg, 1983.
Georg Baselitz in front of the diptych »The Studio« in Derneburg, 1983.
Georg Baselitz devant le diptyque »L'Atelier« Derneburg, 1983.
Photo: Daniel Blau

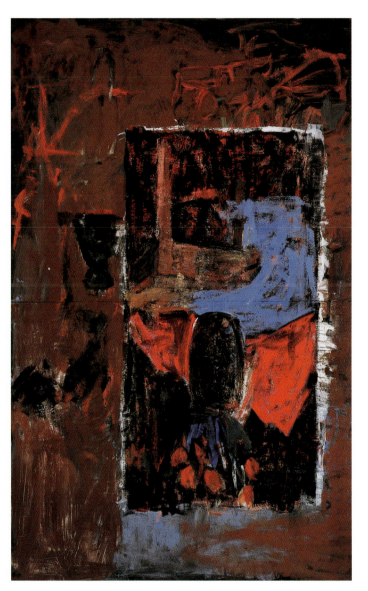 

81   Das Atelier, 1980
(je Tafel / each panel / chaque panneau: 324 x 200 cm)

82   Straßenbild, 1979/80 (je Tafel/ each panel/ chaque panneau: 200 x 162 cm)

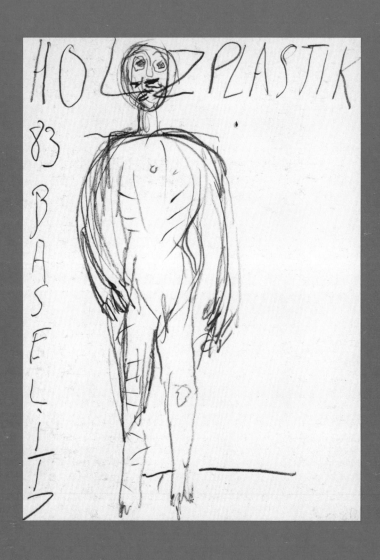

Skulptur/ Sculpture
1979–1990

»Skulptur bedarf eines kürzeren Weges, um das gleiche Problem auszudrücken, denn Skulptur ist primitiver, brutaler und vorbehaltloser als Malerei. Die Heftigkeit der Polemik, die meine Skulptur von Venedig hervorrief, hat mir das bestätigt.«

»La sculpture a besoin d'un chemin plus court pour exprimer le même problème, car la sculpture est plus primitive, plus brutale et plus inconditionnelle que la peinture. La violence de la polémique soulevée par ma sculpture de Venise me l'a confirmé.«

»The same problem can be addressed more directly in sculpture, which is less hedged about with qualifications than painting. It is more primitive and brutal. This was confirmed for me by the polemical vehemence of the criticism which was levelled at my sculpture in Venice.«

Blick in den Deutschen Pavillon, Biennale Venedig, 1980.
View of the German Pavilion, Biennale Venice, 1980.
Coup d'œil dans le Pavillon allemand, Biennale de Venise, 1980.
Photo: Regine Esser

84   Modell für eine Skulptur, 1979/80 (178 x 147 x 244 cm; Photo: Bernd-Peter Keiser) Atelier Derneburg, 1980

Johannes Kern, Atelier Derneburg, 1986.
Johannes Kern, Derneburg studio, 1986.
Photo: Daniel Blau

Blick in die Ausstellung »Georg Baselitz. Skulpturen und Zeichnungen.
1979–1987«, Kestner-Gesellschaft, Hannover, 1987.
View of the Exhibition »Georg Baselitz. Skulpturen und Zeichnungen.
1979–1987«, Kestner-Gesellschaft, Hanover, 1987.
Coup d'œil dans l'exposition »Georg Baselitz. Skulpturen und Zeichnungen.
1979–1987«, Kestner-Gesellschaft, Hanovre, 1987.
Photo: Daniel Blau

85   Kopf, 1979/84 (30 x 48 x 26,5 cm)

86   Skulptur, 1982 (61 x 43 cm)

88   Ohne Titel, 1983 (61,3 x 43,2 cm)

87   Ohne Titel, 1983 (61,3 x19,5 cm)

116

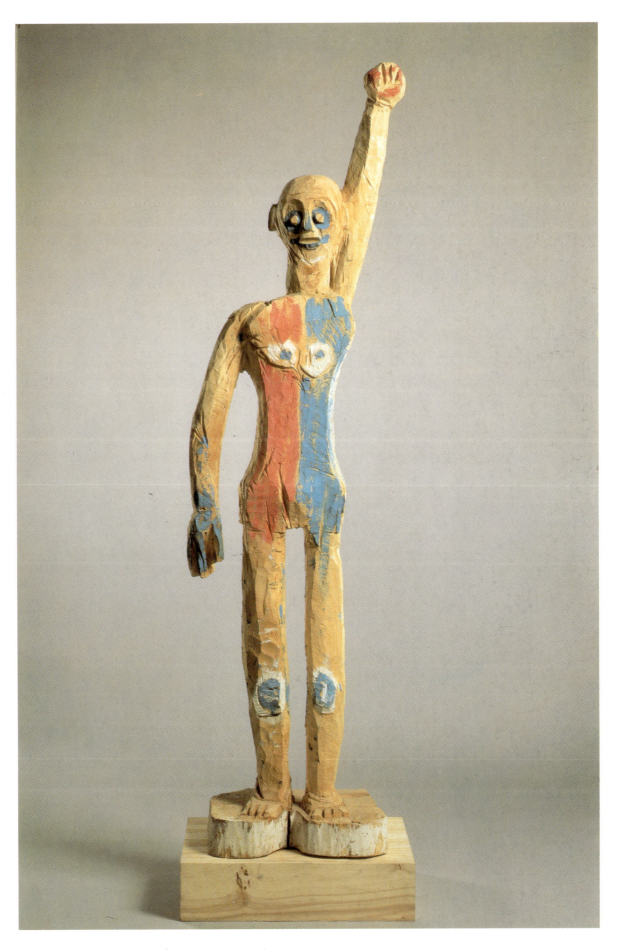

89   Ohne Titel, 1982/84 (253 x 71 x 46 cm)

Blick in die Ausstellung »Georg Baselitz. Gravures et Sculptures« in der Bibliothèque Nationale, Paris, 1985.
View of the exhibition »Georg Baselitz. Gravures et Sculptures« at the Bibliothèque Nationale, Paris, 1985.
Vue de l'exposition »Georg Baselitz. Gravures et Sculptures« dans la Bibliothèque Nationale, Paris, 1985.
Photo: Courtesy Galerie Michael Werner

90   Der Rote Mann, 1984/85 (299,5 x 54,5 x 55 cm)

91   Ohne Titel, 1986 (100 x 70 cm)

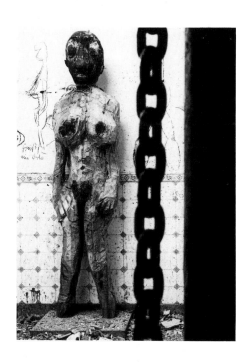

Atelier Derneburg, 1986.
Derneburg studio, 1986.
Photo: Daniel Blau

92   Tanzende Frau, 1987 (67,1 x 43 cm)

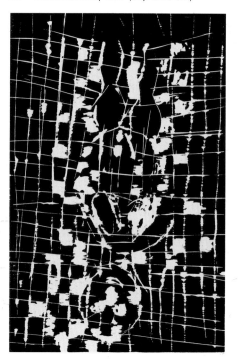

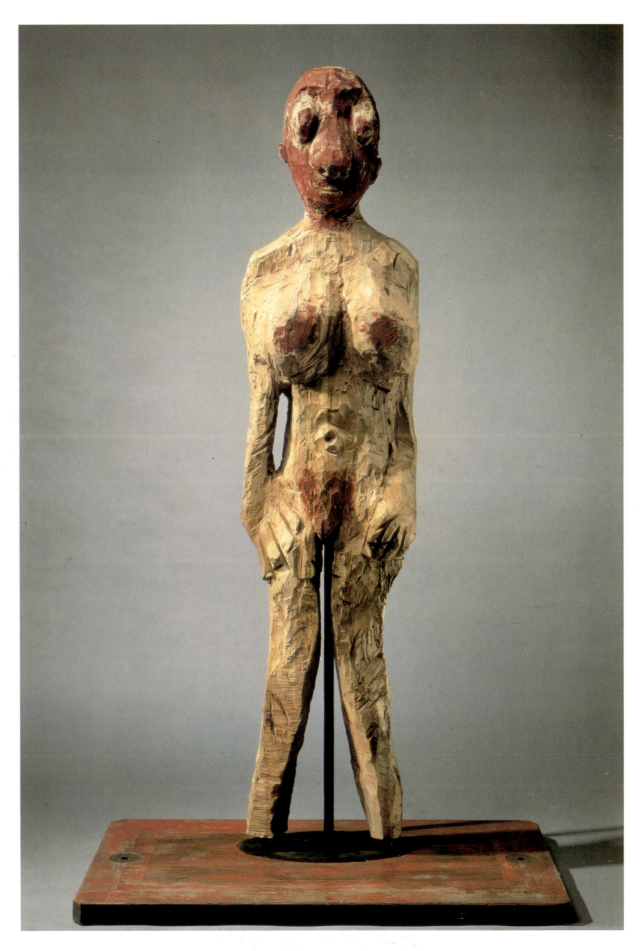

93 Gruß aus Oslo, 1986 (227 x 54,5 x 27 cm)

»Ich hatte mir zum Ziel gesteckt, meine Einstellung mit Hilfe der Malerei zu veranschau-
lichen, und zwar auf möglichst starke und
klare Art. Dies war bei meinem Bild ›Die
große Nacht im Eimer‹ der Fall, ein Werk,
das, wie meine heutigen Skulpturen, ein aggressiver Akt ist.«

»I had set myself the task of illustrating my
position through painting, in the clearest
and strongest way possible. This was the
case with my painting ›Big Night Down the
Drain‹, a work which, like the sculptures I
make these days, was an act of aggression.«

»Je m'étais donné pour but d'illustrer mon
point de vue à l'aide de la peinture, et ce, de
la manière la plus forte et la plus claire qui
soit. Ce fut le cas dans ma toile ›La grande
nuit dans le seau‹, une œuvre qui, tout
comme mes sculptures actuelles, est un acte
agressif.«

94   Malerkopf wie Blumenstrauß II, 1987 (146 x 114 cm)

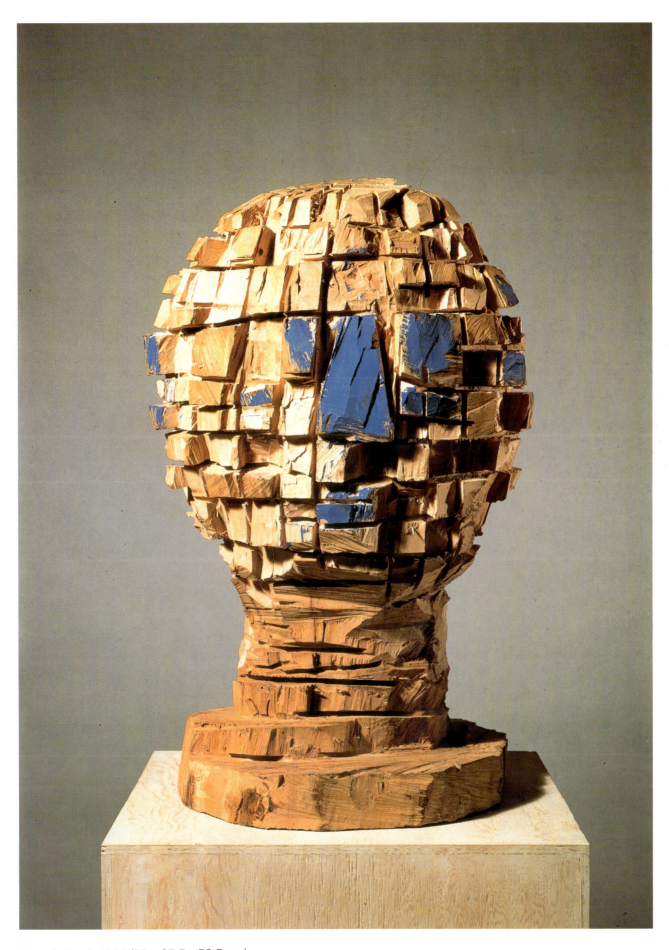

95   G. Kopf, 1987 (99 x 65,5 x 58,5 cm)

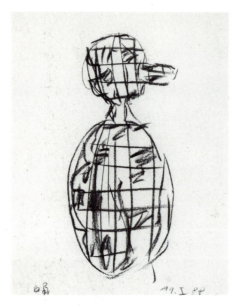 

96   Ohne Titel, 1988 (47,5 x 37,5 cm)   97   Ohne Titel, 1988 (48 x 38 cm)

98   Tragischer Kopf, 1988 (128,5 x 33 x 37 cm)

Atelier Derneburg, 1990.
Derneburg studio, 1990.
Photo: Daniel Blau

Atelier Derneburg, 1990.
Derneburg studio, 1990.
Photo: Frank Oleski

99   Frau aus dem Süden, 1990 (102 x 55,5 x 17 cm)

BASELITZ

29 APRILE 1987

CHRISTIAN STEIN
VIA LAZZARETTO 15 MILANO

Werke/Works/Œuvres
1981–1990

Atelier Derneburg, 1981.
Derneburg studio, 1981.
Photo: Archiv Derneburg

Blick in die Ausstellung »Georg Baselitz. Paintings 1960–83«, Whitechapel
Art Gallery, London, 1983.
View of the exhibition »Georg Baselitz. Paintings 1960–83«, Whitechapel
Art Gallery, London, 1983.
Vue de l'exposition »Georg Baselitz. Paintings 1960–83«, Whitechapel Art
Gallery, Londres, 1983.
Photo: Courtesy Galerie Michael Werner

100   Orangenesser I, 1981 (146 x 114 cm)

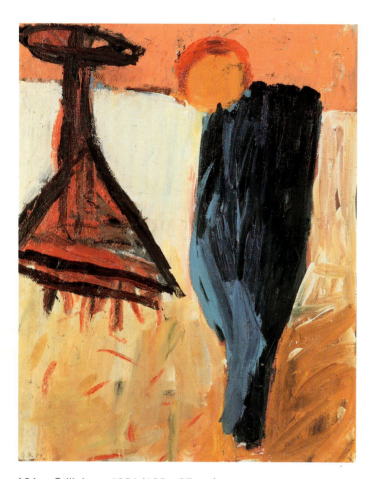

101   Stilleben, 1981 (130 x 97 cm)

102   Glastrinker, 1981 (162 x 130 cm)

103   Kaffeekanne und Orange, 1981 (146 x 114 cm)

104   Mein Vater blickt aus dem Fenster IV, 1981
(162 x 130 cm)

H. P. Schwerfel: »Es gibt also keinerlei Progression zwischen einem ›Helden‹ von 1965 und einem ›Tulpenstilleben‹ von 1981?«
G. Baselitz: »Nein. Die alten Bilder sind selbständig geworden. Ich kann sie zwar bestaunen, aber sie nutzen mir nichts.«

H. P. Schwerfel: »So there is no progression from the ›Hero‹ pictures of 1965 to a ›Still life with Tulips‹, painted in 1981?«
G. Baselitz: »No. The old pictures have taken on a life of their own. I can admire them, but they are no use to me.«

H. P. Schwerfel: »Il n'y a donc pas de progression entre un ›héros‹ de 1965 et une ‹nature morte à la tulipe‹ de 1981?«
G. Baselitz: »Non. Les anciens tableaux sont devenus indépendants. Je peux les regarder avec étonnement, mais ils ne me servent à rien.«

105   Ohne Titel (Tulpe), 1962 (31,7 x 24,4 cm)   106   Tulpen, 1983 (61,1 x 43,2 cm)

Photovorlage / Original photo / Photo ayant servi de modèle.

Georg Baselitz, Derneburg, 1986.
Photo: Daniel Blau

107   Tulpen, 1981 (130 x 97 cm)

108   Ohne Titel, 1981 (86 x 61 cm)

Blick in die documenta 7, Kassel, 1982. Rechts: »Die Mädchen von Olmo I«.
View of the documenta 7, Kassel, 1982. At right: »The Girls of Olmo I«.
Vue de la documenta 7, Kassel 1982. A droite: »Les filles d'Olmo I«.
Photo: Courtesy Galerie Michael Werner

109   Die Mädchen von Olmo II, 1981 (250 x 250 cm)

Blick in die Ausstellung »Zeitgeist«, Berlin, 1982.
View of the exhibition »Zeitgeist«, Berlin, 1982.
Coup d'œil dans l'exposition »Zeitgeist«, Berlin, 1982.

110   Adler im Bett, 1982 (250 x 250 cm)

111   Edvards Kopf, 1983 (61,1 x 43,2 cm)   112   Maler mit Fäustling, 1982 (250 x 200 cm)

113   *Edvard Munch*: »Der Schrei«, 1895   114   Kopf, 1959 (24,1 x 17 cm)

115   Edvards Kopf, 1983 (250 x 200 cm)

116   Nachtessen in Dresden, 1983 (280 x 450 cm)

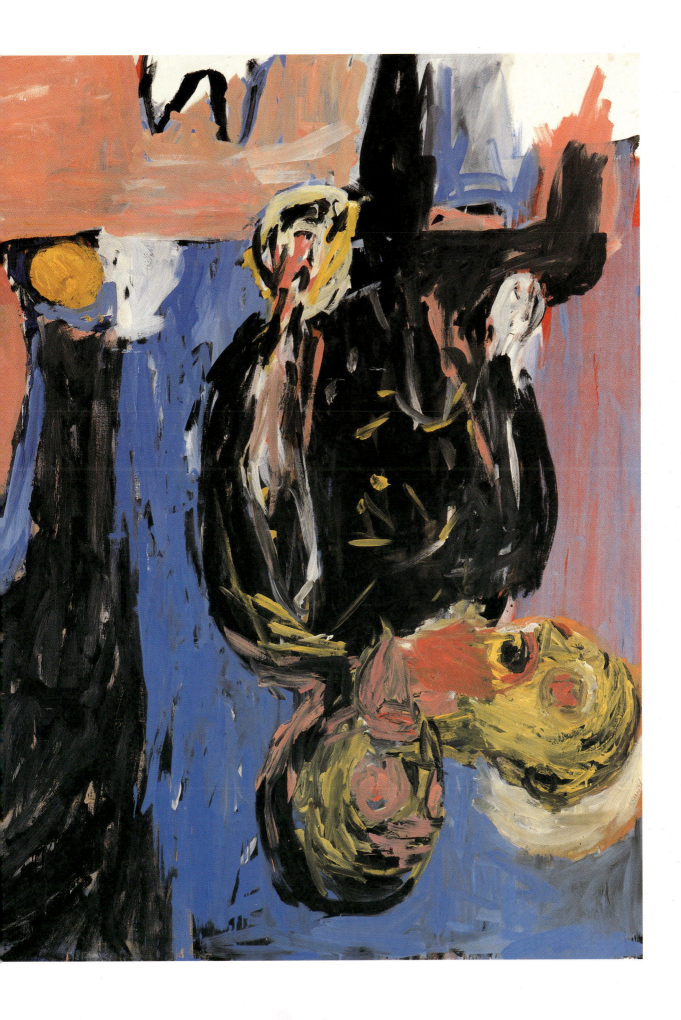

117   Atelier Derneburg, 1984
Derneburg studio, 1984
Photo: Frank Oleski

Legende des Abgarbildes

*Der kranke Fürst Abgar entsendet seinen Bo-
ten Ananias, indem er ihm den Brief an Jesus übergibt. Ananias bemüht sich verge-
bens, den vor ihm stehenden Herrn Jesus zu
portraitieren. Da läßt sich Jesus Wasser und
ein Handtuch reichen, wäscht sein Gesicht
und trocknet es mit dem Tuche ab. Dann
reicht er das Tuch, auf dem sich sein Antlitz
wunderbar abgedrückt hat, dem Boten. Dieser bringt es Abgar, der sich beim Anblick
alsbald geheilt erhebt. Abgar stürzt darauf
das am Stadttor aufgestellte Götzenbild
herab und setzt das Christusbild an seine
Stelle.*

Legend of the Abgar Picture

*The ailing Prince Abgar sent an emissary
with a letter to Jesus. The emissary, whose
name was Ananias, attempted in vain to
paint Christ's portrait. Thereupon Jesus called for water and a towel, washed Ananias'
face and dried it with the towel. He then gave
the towel, on which his features were
miraculously imprinted, to the emissary.
Ananias brought the towel to Abgar, who
was instantly cured by the sight of Christ's
face.*

Légende du tableau d'Abgar

*Le prince Abgar, qui est malade, confie à son
messager Ananias une lettre pour Jésus.
Ananias essaie en vain de faire le portrait de
Jésus qui se trouve devant lui. Jésus se fait
apporter de l'eau et une serviette, se lave le
visage et l'essuie avec la serviette. Puis il
donne le linge, sur lequel son visage a mer-
veilleusement laissé son empreinte, au messager. Ce dernier l'apporte à Abgar qui est
immédiatement guéri à cette vue. Puis, Abgar fait tomber l'idole placée à la porte de la
ville et met le portrait de Jésus à sa place.*

118   Der Abgarkopf, 1984 (250 x 200 cm)

119   Tulpen, 1983 (250 x 200 cm)

120   Das Liebespaar, 1984 (250 x 330 cm)

121   Kampfmotive III, 1986 (je/ each/ chacun 100 x 70 cm)

Kampfmotive I, II, III, (36 Zeichnungen), Winteratelier Derneburg, 1986.
Fight Motifs I, II, III, (36 drawings), Derneburg winter studio, 1986.
Motifs de combat I, II, III, (36 dessins), atelier d'hiver de Derneburg, 1986.
Photo: Daniel Blau

122   Pastorale – Der Tag, 1986 (330 x 330 cm)

Atelier Derneburg, 1987
Derneburg studio, 1987
Photo: Daniel Blau

123   *Edvard Munch:* Das Erbe I, 1897/99
(141 x 120 cm)

124   *Giovanni Battista Rosso*: »Madonna col
Bambino«, c. 1515 (64 x 46 cm)   125   Nach Rosso, 1960 (29,7 x 21 cm)   126   Akt, 1960 (22,1 x 16,2 cm)

127   1897, 1986/87 (290 x 290 cm)

»Ich habe keinerlei Talente. Wenn ich mir die andern anschaue, dann finde ich dort auch keins. Ich fühle mich da in guter Gesellschaft. Dürer, Caspar David, Nolde. Sie können da alle hinzutun, die Sie wollen. Cranach ist ein gutes Beispiel. Er hat aus Menschen Zwerge gemacht, aus Frauen Porzellanelfen, aus der Landschaft einen Miniaturkosmos.«

»I have no talent whatever. When I look at other people's work, I see no talent there either. I feel I'm in good company. Dürer, Caspar David, Nolde: name anybody you like. Take Cranach, for example. He turned people into dwarfs and women into porcelain fairies, transforming the landscape into a miniature cosmos.«

»Je n'ai aucun talent. Quand je regarde les autres, je ne leur en trouve pas non plus. Je me sens en bonne compagnie. Dürer, Caspar David, Nolde. Vous pouvez y ajouter tous ceux que vous voulez. Cranach est un bon exemple. Il a transformé les hommes en nains, les femmes en elfes de porcelaine, le paysage en cosmos miniature.«

Detail aus: Das Kreuz, 1964 (Abb. Nr. 43)
Detail from: The Cross, 1964 (Ill. No. 43)
Détail de: La Croix, 1964 (Ill. no. 43)

128   Hill's Eiche, 1987 (196 x 166 cm)

129   Rote Nase, 1987 (250 x 200 cm)

»Das kann so banal werden, daß ich auf dem ›Malerbild‹ beispielsweise deutsche Maler male, die ich großartig finde. Einmal in Form ihrer Bilder, ihrer Malerei, aber auch als Portrait. Aber seltsamerweise kommt bei jedem dieser Porträts eine Frau mit blonden Haaren heraus. Ich bin selbst nie dahintergekommen weshalb.«

»It can take a completely banal form. In ›The Painter's Picture‹, for example, I paint German artists whom I admire. I paint their pictures, their work as painters, and their portraits too. But oddly enough, each of these portraits ends up as a picture of a woman with blond hair. I myself have never been able to work out why this happens.«

»Cela peut devenir tellement banal que je peins par exemple dans le ‹Portrait de peintre› des peintres allemands que je trouve formidables. Une fois sous la forme de leurs tableaux, de leur peinture, mais aussi en tant que portrait. Mais paradoxalement, il ressort de chacun de ces portraits une femme aux cheveux blonds. Je n'ai jamais compris pourquoi.«

130   Das Malerbild, 1987/88 (280 x 450 cm)

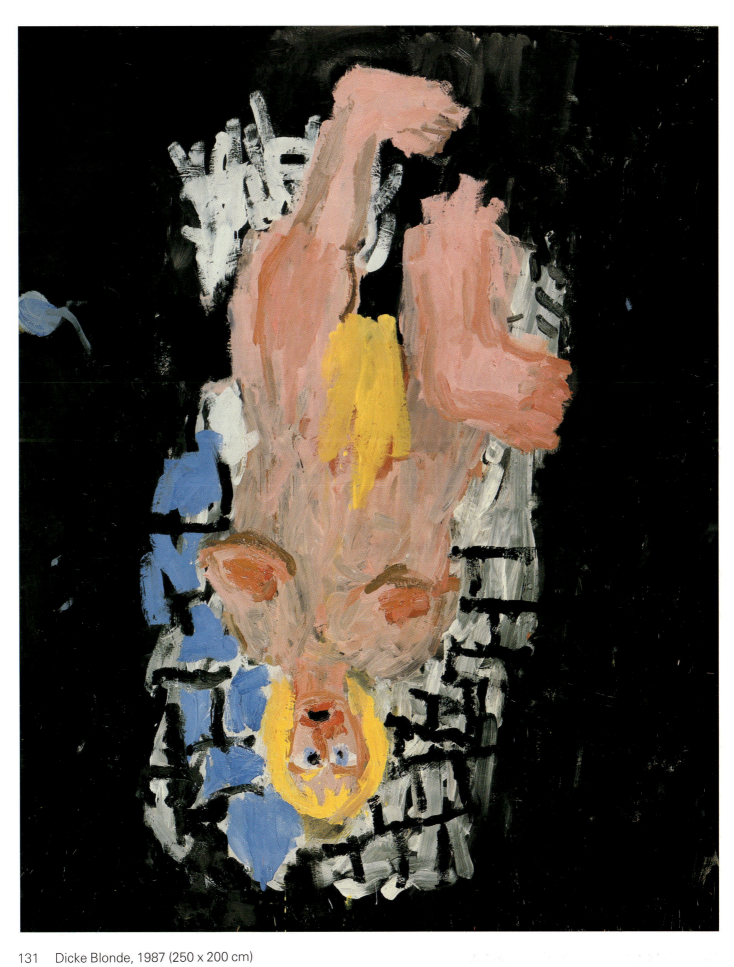

131   Dicke Blonde, 1987 (250 x 200 cm)

132   Selbstportrait mit blonder Locke, 1988 (146 x 114 cm)   133   Selbstportrait Desaster, 1987 (250 x 200 cm)

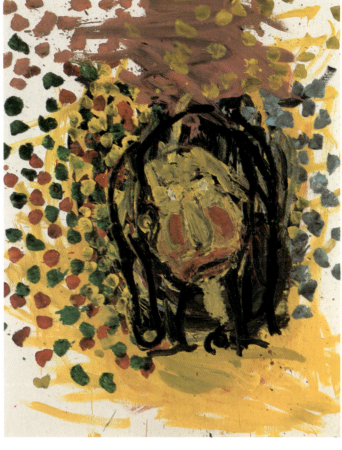

134 Das Motiv: Giraffe, 1988 (130 x 97 cm)

135 Image, 1988/89 (162 x 130 cm)

»Das Problem ist nicht der Gegenstand auf
dem Bild, sondern das Problem ist das Bild
als Gegenstand. Und diese Frage, womit da
hantiert wird, ob mit Stuhl oder Würfel oder
Portrait, die stellt sich einfach nicht.«

»The problem is not the object in the picture,
but the picture-as-object. And the question
what the artist is playing with – a chair, a
cube or a human face – is quite simply a
non-issue.«

»Le problème n'est pas l'objet sur la toile,
mais la toile en tant qu'objet. Et cette question de savoir de quoi il s'agit, si c'est une
chaise ou un dé ou un portrait, ne se pose
tout simplement pas.«

Atelier, Imperia, 1988.
Imperia studio, 1988.
Photo: Daniel Blau

136   Ohne Titel, 1988 (77 x 59 cm)

137   Ohne Titel, 1988 (77 x 59 cm)

138   Das Motiv: Pauls Stuhl, 1988 (146 x 114 cm)

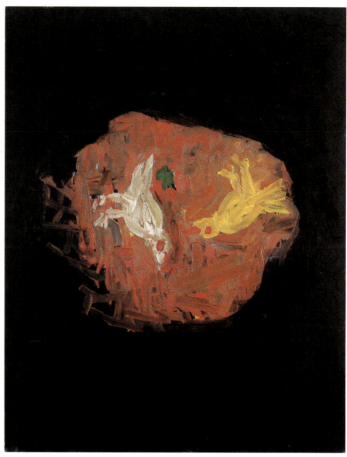

139　N.Y., 1988 (162 x 162 cm)

140　Das Motiv: Das Glück in der Tasche, 1988
(146 x 114 cm)

Lettre International, Heft 4.1, 1989.
Lettre International, Volume 4.1, 1989.

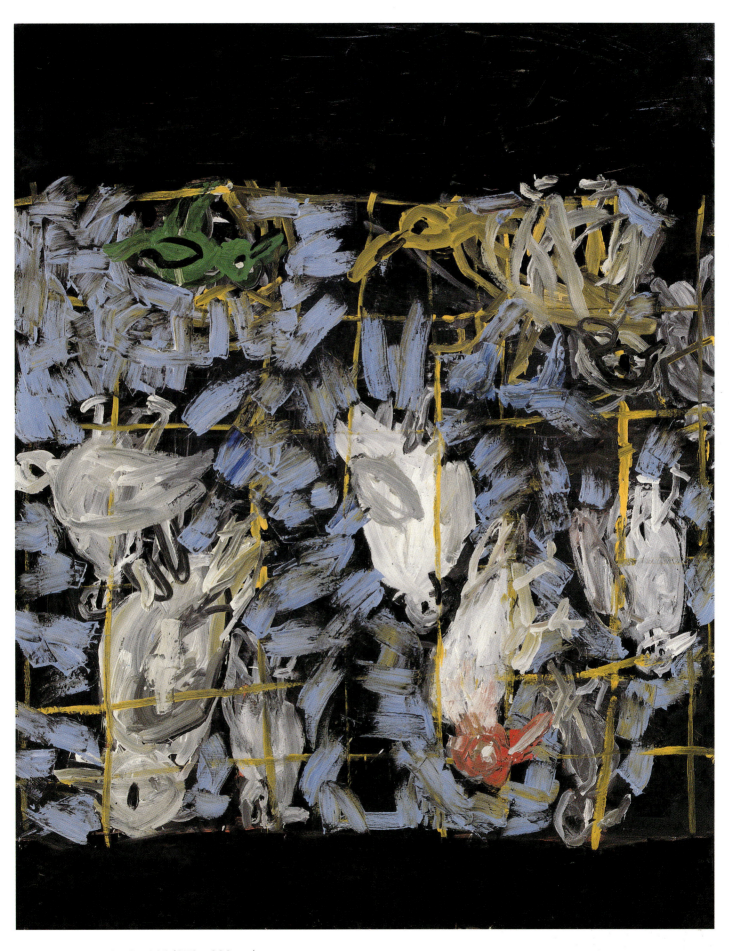

141   Ciao America I, 1988 (250 x 200 cm)

»»Ciao America‹ ist ein dreifarbiger Holzschnitt von drei Platten. Die Holzbretter sind gut gehobelte Tischlerplatten. Die Arbeit ist zum vierzigjährigen Jubiläum der Galerie Springer gemacht worden. Es beginnt mit dem Jahr 1948, der Eröffnung der Galerie in Berlin, auf dem ersten Schnitt sind die Vögel rechts unten.

Entsprechend der Zunahme an Jahren kommen weitere Vögel hinzu, bis·sich schließlich, 1988, vierzig Vögel fest auf dem Holzbrett befinden. Weil es zu viele Zahlen waren, habe ich bei der fertigen, endgültigen Platte diese Zahlen weggeschnitten. Vögel sind es vierzig oder mehr, aber weil sie verkehrt herum sind und nur aus Linien, Flekken und Splittern von heller Farbe, die durch die schwarze Oberfläche blitzen, bestehen, kann man schlecht ausmachen, daß es Vögel sind und wieviele. [...]

Es war von Anfang an nicht an einen direkten, kurzen Weg gedacht, sondern es war so gemeint, wie es tatsächlich schon beim ersten Abzug zu sehen ist. Wie die Fliege auf dem Tellerrand sollte grob zufällig der erste Vogel irgendwo, nur nicht dort wo er müßte, ins Holz geschnitten werden, damit sich die restlichen neununddreißig wie absichtslos daneben versammeln können.

Etwas wie ein Seemannslied mit einem leicht betrunkenen Sänger ist dabei herausgekommen. Das erklärt den Titel. Es ist schwer, sich nicht zu wiederholen und die Gleichförmigkeit zu vermeiden bei der verrückten Schaukelei im Kahn. Ich denke, daß alle Pläne, mit denen man arbeitet, gut sind. Ich meine, auch solche blödsinnigen, falschen hirngespinstigen Pläne, die völliger Quatsch sind, sind gut, wenn man damit arbeitet. Der verqualmte, dumpfe, trübe Plan ist die treibende Idee im bekloppten Kopf. Der Oberkörper hält sich ganz gut am Tisch, sitzt da und redet und ist jemand; die Beine unterm Tisch sind schon weggerutscht und durch die Tür fort.

Im Atelier habe ich vierzehn Drucke gemacht, bis feststand wie es sein sollte.«

Georg Baselitz

»»Ciao America‹ is a three-coloured woodcut made with three plates. I used ordinary boards and planed them down. The work was made for the fortieth anniversary of the Galerie Springer. It starts with the year 1948, when the gallery opened in Berlin. On the first cut, the birds are in the bottom right-hand corner.

As the years pass, the number of birds increases, until, in 1988, there are forty birds on the wooden plate. I cut out the numbers on the final, definitive plate because there were too many ot them. There are forty or more birds, but since they are upside-down and consist only of lines, patches and splinters of bright colour which glimmer through the black surface, it is difficult to tell if they are in fact birds and if so, how many of them there are. [...]

Right from the outset, the intention was not to follow a short, direct path, but to do exactly what can be seen on the first print. In the same way that a fly settles on the edge of a plate, the first bird was to be cut out of the wood at random, anywhere except where it belonged, so that the remaining thirty-nine birds could flock around it as if by pure chance.

The result is somewhat like a sea-shanty sung by a drunkard. This explains the title. When you are being tossed about in a boat, it is difficult to avoid repeating yourself, to avoid monotony. It seems to me that any plan is a good plan. Even the most stupid, the most wrong-headed, nonsensical plans are good if you can work with them. The dim, vague, blurred plan is the driving notion in the idiot mind. The upper body sits upright at the table, talking away and being somebody; meanwhile the legs under the table have already slipped away and vanished out of the door.

In my studio I made fourteen prints before I finally decided how I wanted it to look.«

Georg Baselitz

»»Ciao America‹ est une gravure sur bois de trois plaques en trois couleurs. Les planches de bois sont des panneaux lattes bien rabotés. Le travail a été réalisé à l'occasion du quarantième anniversaire de la galerie Springer. Il commence par l'année 1948, l'ouverture de la galerie à Berlin; sur la première gravure, les oiseaux sont en bas à droite.

Conformément à l'augmentation des années, de nouveaux oiseaux viennent s'y ajouter jusqu'à ce que finalement, en 1988, quarante oiseaux se trouvent sur la planche. Comme il y avait trop de chiffres, j'ai découpé ces chiffres sur la plaque définitive terminée. Il y a quarante oiseaux ou plus, mais parce qu'ils sont à l'envers et sont seulement composés de lignes, de taches et d'éclats de couleur claire qui brillent au travers de la surface noire, on peut difficilement dire que ce sont des oiseaux et combien il y en a. (...)

Je n'avais pas songé à un chemin court et direct des le début, mais j'avais pensé à ce que l'on voit effectivement dès la première impression. Comme la mouche au bord de l'assiette, le premier oiseau devait être découpé par hasard quelque part, mais pas là où il l'aurait dû, afin que les trente-neuf oiseaux restants puissent se rassembler à côté comme par hasard.

Il en est ressorti quelque chose comme un chant de marin avec un chanteur un peu ivre. Cela explique le titre. Il est difficile de ne pas se répéter et d'éviter l'uniformité avec le balancement fou dans la barque. Je pense que tous les plans avec lesquels on travaille sont bons. Je veux dire que les plans stupides, imaginaires, qui sont de belles âneries, sont également bons quand on travaille avec. Le plan envahi par une fumée épaisse, vague, terne, est l'idée motrice dans la tête abrutie. Le tronc se tient bien à table, est assis et parle et est quelqu'un; les jambes sous la table ont déjà glissé et passé la porte. Dans l'atelier, j'ai fait quatorze gravures jusqu'a ce que soit établi comment cela devait être.«

Georg Baselitz

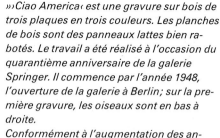

Elke Baselitz, Atelier Derneburg, 1986.
Photo: Daniel Blau

Georg Baselitz, Atelier Derneburg, 1989.
Photo: Daniel Blau

142   Ciao America, Nr.1, 1988 (162 x 130 cm)

143   Ciao America, Nr.2, 1988 (162 x 130 cm)

144   Ciao America, Nr.3, 1988 (162 x 130 cm)

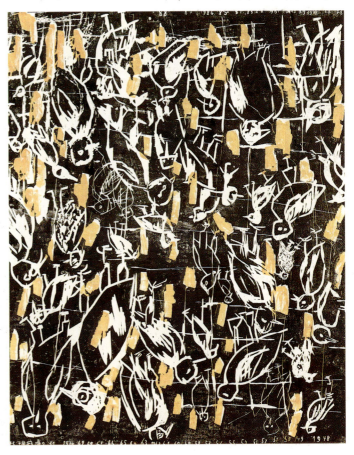

145   Ciao America, Nr.9, 1988 (162 x 130 cm)

146   Volkstanz IV, 1989 (250 x 250 cm)

147   Der Krug, 1989 (130 x 97 cm)

166

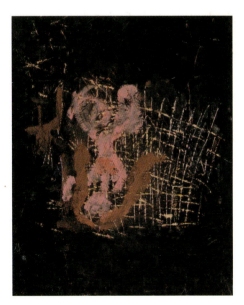

Atelier Derneburg, 1989.
Derneburg studio, 1989.
Photo: Daniel Blau

148   45, 1989 (je Tafel / each panel / chaque panneau: 200 x 162 cm)

Georg Baselitz, Atelier Derneburg / Derneburg studio, 1990. Photo: Frank Oleski

Legenden / Captions / Légendes

Sofern in den Legenden keine Angaben zur Technik gemacht sind, handelt es sich um Werke in Öl auf Leinwand.

Where no details regarding technique are given in the captions, the works are oil on canvas.

Là où les détails sur la technique ne sont pas indiqués dans les légendes, il s'agit d'huiles sur toile.

1
Plakatentwurf 1. Orthodoxer Salon, 1963/ 64
Poster Design for the 1st Orthodox Salon
Projet d'affiche pour le 1er Salon orthodoxe
Bleistift und Tusche auf Transparentpapier
Pencil and ink on tracing paper
Crayon et encre de Chine sur papier transparent
87,5 x 62 cm
Priv. Slg./ Priv. coll./ Coll. priv.

2
Onkel Bernhard, 1958
Uncle Bernhard/ L'Oncle Bernhard
Tusche und Aquarell auf Papier
Ink and watercolour on paper
Encre de Chine et aquarelle sur papier
22,2 x 31,1 cm
Basel/ Basle/ Bâle
Kunstmuseum, Die öffentliche Kunstsammlung, Kupferstichkabinett

3
G., 1961
Tusche, laviert, auf Papier
Ink and wash on papier
Encre de Chine, lavis, sur papier
29,7 x 21 cm
Priv. Slg./ Priv. coll./ Coll. priv.

4
Anamorphotischer Kopf, 1961
Anamorphic Head/ Tête anamorphosique
Tusche und Aquarell auf Papier
Ink and watercolour on paper
Encre de Chine et aquarelle sur papier
29,5 x 20,9 cm
Basel/ Basle/ Bâle
Kunstmuseum, Die öffentliche Kunstsammlung, Kupferstichkabinett

5
G.-Kopf, 1960/ 61
G.-Head/ G.-Tête
135 x 100 cm
Priv. Slg./ Priv. coll./ Coll. priv.

6
Der Orientale – Kranker Orientale – Vision – Glaubensträger, 1959
The Oriental – Sick Oriental – Vision – Upholder of the Faith / L'Oriental – Oriental malade – Vision – Support de la foi
90 x 70 cm
Priv. Slg./ Priv. coll./ Coll. priv.

7
Ferdinand von Rayski: Selbstbildnis in der Schnürenjacke, c. 1839
Ferdinand von Rayski: Self-Portrait in Fleeced Jacket *Ferdinand von Rayski:* Portrait en veste à lacets
29,9 x 24 cm
Bautzen, Stadtmuseum

8
Rayski-Kopf, 1959
Rayski-Head/ Tête de Rayski
Tusche auf Papier
Ink on paper
Encre de Chine sur papier
29,6 x 21 cm
Priv. Slg./ Priv. coll./ Coll. priv.

9
Kopf, 1958/59
Head/ Tête
Tusche und Deckweiß, auf Karton montiert
Ink and opaque watercolour mounted on cardboard
Encre de Chine et aquarelle blanc opaque sur carton
17,4 x 15 cm
Priv. Slg./ Priv. coll./ Coll. priv.

10
Carl Frederik Hill: August Strindberg, n. d.
Kohle und Bleistift auf Papier
Charcoal and pencil on paper
Fusain et crayon sur papier
41,5 x 34 cm
Malmö, Malmö Museum

11
Portrait F. v. Rayski III, 1960
100 x 80 cm
Priv. Slg./ Priv. coll./ Coll. priv.

12
Antonin Artaud, 1962
Kugelschreiber auf Papier
Ballpoint pen on paper
Stylo sur papier
25,6 x 21,1 cm
Basel/ Basle/ Bâle
Kunstmuseum, Die öffentliche Kunstsammlung, Kupferstichkabinett, K. A. Burckhardt-Koechlin-Fonds

13
Antonin Artaud: Selbstportrait, 11. Mai 1946
Antonin Artaud: Self-Portrait, 11 May 1946
Antonin Artaud: Autoportrait, 11 mai 1946
Bleistift auf Papier
Pencil on paper
Crayon sur papier
63 × 49 cm
Priv. Slg. / Priv. Coll. / Coll. priv.

14
G. Antonin, 1962
Öl auf Rupfen
Oil on gunny
Huile sur jute

250 x 180 cm
Priv. Slg./ Priv. coll./ Coll. priv.

15
Der Haken, 1962
The Hook/ Le Crochet
100 x 80 cm
Bern/ Berne
Priv. Slg./ Priv. coll./ Coll. priv.

16
P.D. Stengel, 1963
P.D. Stalk/ P.D. Tige
130 x 90 cm
Berlin, Galerie Springer

17
Der Acker, 1962
The Field/ Le Champ
189 x 139 cm
Berlin, Galerie Springer

18
Ohne Titel, 1963
Untitled/ Sans titre
Bleistift, Tusche, Kreide und Aquarell auf Papier
Pencil, ink, chalk and watercolour on paper
Crayon, encre de Chine, craie et aquarelle sur papier
48,5 x 31,7 cm
Priv. Slg./ Priv. coll./ Coll. priv.

19
Zeichnung nach Wrubel, 1963
Drawing after Wrubel/ Dessin d'après Wrubel
Bleistift auf Papier
Pencil on paper
Crayon sur papier
43,8 x 26,5 cm
Priv. Slg./ Priv. coll./ Coll. priv.

20
Ohne Titel, 1963
Untitled/ Sans titre
Tusche, laviert, auf Papier
Ink and wash on paper
Encre de Chine, lavis, sur papier
33 x 19,5 cm
Frankfurt/M./ Francfort-sur-le-Main
Galerie Neuendorf

21
Die große Nacht im Eimer, 1962/63
Big Night Down the Drain
La grande nuit dans le seau
250 x 180 cm
Köln/ Cologne
Museum Ludwig

22
Ohne Titel, 1961
Untitled/ Sans titre
Tusche auf Papier
Ink on paper
Encre de Chine sur papier
29,5 x 20,9 cm
Aachen/ Aix-la-Chapelle
Neue Galerie – Sammlung Ludwig

23
Alte Heimat – Scheide der Existenz – Vierter P. D. Fuß, 1960/63
The Old Native Country – Border of Existence –

Fourth P. D. Foot
Ancienne patrie – Ligne de partage de l'existence – Quatrième pied de P. D.
130 x 90 cm
Schaffhausen/ Schaffhouse
Hallen für neue Kunst
Sammlung Crex/ Collection Crex

24
Fünfter P. D. Fuß – Russischer Fuß, 1963
Fifth P. D. Foot – Russian Foot
Cinquième pied de P. D. – Pied russe
130 x 81 cm
Schaffhausen/ Schaffhouse
Hallen für neue Kunst
Sammlung Crex/ Collection Crex

25
P. D., 1960/63
115 x 100 cm
Schaffhausen/ Schaffhouse
Hallen für neue Kunst
Sammlung Crex/ Collection Crex

26
Achtes P. D. – Die Hand, 1963
Eighth P. D. – The Hand
Huitième P. D. – La main
100 x 81 cm
Schaffhausen/ Schaffhouse
Hallen für neue Kunst
Sammlung Crex/ Collection Crex

27
2. P. D. Fuß – Alte Heimat, 1960/63
2nd P. D. Foot – The Old Native Country
2e pied de P. D. – Ancienne patrie
120 x 90 cm
Schaffhausen/ Schaffhouse
Hallen für neue Kunst
Sammlung Crex/ Collection Crex

28
Der Fuß – 1. P. D., 1963
The Foot – 1st P. D./ Le pied – 1er P. D.
100 x 81 cm
Schaffhausen/ Schaffhouse
Hallen für neue Kunst
Sammlung Crex/ Collection Crex

29
Alte Heimat – Scheide der Existenz – Vierter P. D. Fuß, 1960/63
The Old Native Country – Border of Existence – Fourth P. D. Foot/ Ancienne patrie – Ligne de partage de l'existence – Quatrième pied de P. D.
130 x 90 cm
Schaffhausen/ Schaffhouse
Hallen für neue Kunst
Sammlung Crex/ Collection Crex

30
6. P. D. Fuß, 1963
6th P. D. Foot/ 6ème pied de P. D.
100 x 81 cm
Schaffhausen/ Schaffhouse
Hallen für neue Kunst
Sammlung Crex/ Collection Crex

31
P. D. Fuß, 1963
P. D. Foot/ P. D. Pied
125 x 65 cm

Schaffhausen/ Schaffhouse
Hallen für neue Kunst
Sammlung Crex/ Collection Crex

32
Kelte – P. D. Fuß, 1963
Celt – P. D. Foot/ Celte – Pied de P. D.
100 x 81 cm
Schaffhausen/ Schaffhouse
Hallen für neue Kunst
Sammlung Crex/ Collection Crex

33
Dritter P. D. Fuß, 1963
Third P. D. Foot/ Troisième pied de P. D.
130 x 100 cm
Schaffhausen/ Schaffhouse
Hallen für neue Kunst
Sammlung Crex/ Collection Crex

34
Oberon, 1964
Oberon/ Obéron
Radierung, Vernis mou auf Zink
Etching, vernis mou on zinc
Gravure, vernis mou sur zinc
Plattenformat/ plate format/ Dimensions de la planche: 30 x 24,8 cm
München/ Munich
Wittelsbacher Ausgleichsfonds

35
Oberon – 1. Orthodoxer Salon 64 – E. Neijsvestnij, 1963/64
Oberon – 1st Orthodox Salon 64 – E. Neizvestny/ Obéron – 1er salon orthodoxe 64 – E. Neizvestny
250 x 200 cm
Priv. Slg./ Priv. coll./ Coll. priv.

36
Ein Bein, 1988
A Leg/ Une jambe
Öl und Asphaltlack auf Leinwand
Oil and asphalt varnish on canvas
Huile et vernis bitumé sur toile
130 x 97 cm
Priv. Slg./ Priv. coll./ Coll. priv.

37
Das Knie, 1963
The Knee/ Le Genou
98 x 70 cm
Priv. Slg./ Priv. coll./ Coll. priv.

38
Die Hand – Das brennende Haus, 1964/65
The Hand – The Burning House
La main – La maison en flammes
135 x 99 cm
Priv. Slg./ Priv. coll./ Coll. priv.

39
Kreuz, 1960
Cross/ Croix
Tusche auf Papier
Ink on paper
Encre de Chine sur papier
31 x 25 cm
Priv. Slg./ Priv. coll./ Coll. priv.

40
1. Orthodoxer Salon, 1964

1st Orthodox Salon / 1er Salon orthodoxe
Tusche auf Transparentpapier
Ink on tracing paper
Encre de Chine sur papier transparent
86,9 x 61,5 cm
München/ Munich
Wittelsbacher Ausgleichfonds, Sammlung Prinz Franz von Bayern/ Collection Franz von Bayern

41
Kreuz und Herz, 1964
Cross and Heart/ Croix et cœur
Radierung, Vernis mou, Aquatinta auf Zink, Probedruck auf Bütten
Etching, vernis mou, aquatint on zinc, proof on deckled paper
Gravure, vernis mou, aquatinte sur zinc, épreuve sur papier à la cuve
Plattenformat/ Plate format/ Dimensions de la planche: 30,5 x 24,7 cm
Leverkusen, Museum Morsbroich

42
Fixe Idee, 1964
Idée fixe/ Idée fixe
162 x 130 cm
Priv. Slg./ Priv. coll./ Coll. priv.

43
Das Kreuz, 1964
The Cross/ La Croix
162 x 130 cm
Priv. Slg./ Priv. coll./ Coll. priv.

44
Peitschenfrau, 1964
Whip Woman/ Femme au fouet
Bleistift auf Papier
Pencil on paper
Crayon sur papier
62 x 49 cm
Köln/Cologne
Priv. Slg/ Priv. Coll./ Coll. priv.

45
Peitschenfrau, 1964
Whip Woman/ Femme au fouet
Bleistift auf Papier
Pencil on paper
Crayon sur papier
62,5 x 48,8 cm
Basel/ Basle/ Bâle
Kunstmuseum, Die öffentliche Kunstsammlung, Kupferstichkabinett

46
Ohne Titel, 1963
Untitled/ Sans titre
Tusche, Aquarell, schwarze Kreide und Bleistift
Ink, watercolour, black chalk and pencil
Encre de Chine, aquarelle, craie noire et crayon
48,5 x 31,5 cm
Priv. Slg./ Priv. coll./ Coll. priv.
Courtesy Galerie Michael Werner

47
Ohne Titel, 1963/64
Untitled/ Sans titre
Tusche, Aquarell, schwarze Kreide und Bleistift
Ink, watercolour, black chalk and pencil
Encre de Chine, aquarelle, craie noire et crayon
48,5 x31,5 cm

Priv. Slg./ Priv. coll./ Coll. priv.
Courtesy Galerie Michael Werner

48
Mann im Mond – Franz Pforr, 1965
Man in the Moon – Franz Pforr
Homme dans la lune – Franz Pforr
162 x 130 cm
Priv. Slg./ Priv. coll./ Coll. priv.

49
Der Dichter, 1965
The Poet/ Le Poète
162 x 130 cm
Priv. Slg./ Priv. coll./ Coll. priv.

50
*Francesco Parmigianino:
Madonna dal collo lungo, 1534–40*
Öl auf Holz
Oil on panel
Huile sur bois
216 x 132 cm
Florenz/ Florence
Galleria degli Uffizi

51
Die großen Freunde, 1965
The Great Friends/ Les grands amis
250 x 300 cm
Wien/ Vienna/ Vienne
Museum Moderner Kunst; Leihgabe der
Sammlung Ludwig, Aachen
On loan from Collection Ludwig, Aachen
Prêt de la collection Ludwig, Aix-la-Chapelle

52
Ein neuer Typ, 1965
A New Man/ Un nouveau type
Gouache, Tusche, laviert, Ölkreide auf Papier
Gouache, Ink and wash, Oil chalk on paper
Gouache, Encre de chine lavis, craie à l'huile sur
papier
48,7 x 31,7 cm
Priv. Slg./ Priv. Coll./ Coll. priv.
Köln/ Cologne
Courtesy Galerie Michael Werner

53
Ohne Titel, 1965
Untitled/ Sans titre
Bleistift auf Papier
Pencil on paper
Crayon sur papier
35 x 20 cm
Köln/ Cologne
Courtesy Galerie Michael Werner

54
Ohne Titel, 1966
Untitled/ Sans titre
Tusche, laviert, Bleistift auf Papier
Ink and wash, pencil on paper
Encre de Chine, lavis, crayon sur papier
40 x 35 cm
Köln/ Cologne
Courtesy Galerie Michael Werner

55
Schwarz Weiß, 1966
Black White / Noir Blanc
162 x 130 cm
Sammlung Kleihues/ Collection Kleihues

56
Ohne Titel, 1969
Untitled/ Sans titre
Kohle und Dispersion auf Leinwand
Charcoal and synthetic resin on canvas
Fusain et dispersion sur toile
250 x 200 cm
Chicago (Ill.), Museum of Contemporary Art

57
Zwei Hunde aufwärts, 1967/68
Two Dogs Upwards/ Deux chiens vers le haut
162 x 130 cm
Priv. Slg./ Priv. coll./ Coll. priv.

58
Waldarbeiter, 1968
Foresters/ Travailleurs forestiers
Kohle und Dispersion auf Leinwand
Charcoal and synthetic resin on canvas
Fusain et dispersion sur toile
250 x 200 cm
London/ Londres
Anthony d'Offay Gallery

59
Der Baum I, 1965/66
The Tree I/ L'Arbre I
162 x 130 cm
Priv. Slg./ Priv. coll./ Coll. priv.

60
Das Motiv: der Baum, 1988
The Subject: the Tree/ Le motif: l'arbre
146 x 114 cm
Priv. Slg./ Priv. coll./ Coll. priv.

61
*Ferdinand von Rayski: Landschaft (Waldstudie
zur ›Jagdpause im Wermsdorfer Wald‹),
c. 1859*
Ferdinand von Rayski: Landscape (Forest study
for ›Break during the Hunt in Wermsdorf Forest‹)
Ferdinand von Rayski: Paysage (étude de forêt
pour le ›Repos de chasse dans la forêt de
Wermsdorf‹)
105 x 114 cm
Dresden/ Dresde
Staatliche Gemäldegalerie

62
Der Wald auf dem Kopf, 1969
The Forest on its Head/ La forêt à l'envers
250 x 190 cm
Köln/ Cologne
Museum Ludwig

63
Ralf W./Penck – Kopfbild, 1969
Ralf W./Penck – Upside-down picture
Ralf W./Penck – La tête
162 x 130 cm
Kassel
Staatliche und Städtische Kunstsammlung –
Neue Galerie; Dauerleihgabe/ On permanent
loan from private collection/ Prêt permanent
d'une collection privée

64
Da. Portrait – Franz Dahlem, 1969
Dispersion auf Leinwand
Synthetic resin on canvas

Dispersion sur toile
162 x 130 cm
Priv. Slg./ Priv. coll./ Coll. priv.

65
Portrait Elke I, 1969
162 x 130 cm
Priv. Slg./ Priv. coll./ Coll. priv.

66
Fünfziger Jahre Portrait – M. W., 1969
Fifties Portrait – M. W.
Portrait des années cinquante – M. W.
Dispersion auf Leinwand
Synthetic resin on canvas
Dispersion sur toile
162 x 130 cm
Priv. Slg./ Priv. coll./ Coll. priv.

67
Adler, 1981
Eagle/ Aigle
Holzschnitt aus der Mappe »erste Konzentra-
tion«
Woodcut from the »first concentration« folder
Gravure sur bois du carton »première concen-
tration«
Plattenformat/ Plate format/ Dimensions de la
planche: (100 x 80 cm
Leverkusen, Museum Morsbroich

68
Adler, 1972
Eagle/Aigle
205 x 90 cm
Valencia, Ivan Centre del Carme

69
Fingermalerei I – Adler – à la, 1971/72
Finger Painting I – Eagle – à la
Peinture au doigt I – Aigle – à la
200 x 130 cm
Kassel
Staatliche und Städtische Kunstsammlung –
Neue Galerie; Leihgabe aus Privatbesitz
Private loan/ Prêt d'une collection privée

70
Bäume, 1974
Trees/ Arbres
Radierung
Etching
Gravure
Plattenformat/ Plate format/ Dimensions de la
planche: 49,5 x 32,8 cm
Priv. Slg./ Priv. coll./ Coll. priv.

71
Birkenallee – Teichdamm, 1974/ 75
Birch Avenue – Dam
Allée de bouleaux – Digue de l'étang
250 x 180 cm
Priv. Slg./ Priv. coll./ Coll. priv.

72
Elke V, 1976
200 x 162 cm
Sammlung Samuel und Ronny Heyman
Collection Samuel and Ronny Heyman
Collection Samuel et Ronny Heyman

73
Elke 4, 1977

200 x 162 cm
Priv. Slg./ Priv. coll./ Coll. priv.

74
Schwarze Elke, 1973
Black Elke/ Elke noire
Fingermalerei
Finger painting
Peinture au doigt
162 x 130 cm
Priv. Slg./ Priv. coll./ Coll. priv.

75
Sitzender männlicher Akt – Marokko, 1976
Seated Male Nude – Morocco
Nu masculin assis – Maroc
250 x 200 cm
Priv. Slg./ Priv. coll./ Coll. priv.

76
Maler mit Segelschiff, 1982
Painter with Sailing Ship
Peintre au bateau à voile
250 x 200 cm
Stuttgart, Staatsgalerie

77
Dreieck zwischen Arm und Rumpf, 1973
Triangle between Arm and Torso
Triangle entre bras et tronc
Öl und Kohle auf Leinwand
Oil and charcoal on canvas
Huile et fusain sur toile
250 x 180 cm
München/ Munich
Sammlung Thomas/ Collection Thomas

78
Schlafzimmer, 1975
Bedroom/ Chambre à coucher
Öl und Kohle auf Leinwand
Oil and charcoal on canvas
Huile et fusain sur toile
350 x 250 cm
Köln/ Cologne
Museum Ludwig

79
Zwei Gebückte, 1977
Two Doubled-up Figures
Deux Figures courbées
Öl auf Papier
Oil on paper
Huile sur papier
150 x 200 cm
München/ Munich
Sammlung Prinz Franz von Bayern
Collection Prinz Franz von Bayern

80
Die Ährenleserin, 1978
The Gleaner/ La Glaneuse
Öl und Tempera auf Leinwand
Oil and tempera on canvas
Huile et détrempe sur toile
330 x 250 cm
New York
The Solomon R. Guggenheim Museum
Purchase Meryl and Robert Metzler, 1987

81
Das Atelier, 1980
The Studio/ L'Atelier

Tempera auf Leinwand, Diptychon
Tempera on canvas, diptych
Détrempe sur toile, diptyque
je Tafel/ each panel/ chaque panneau:
324 x 200 cm
Zürich/ Zurich
Kunsthaus, Vereinigung Züricher Kunstfreunde

82
Straßenbild, 1979/ 80
Street Scene/ Scène de rue
Tempera auf Leinwand, 18 Teile
Tempera on canvas, 18 pieces
Détrempe sur toile, 18 pièces
je Tafel/ each piece/ chaque panneau:
200 x 162 cm
Bonn, Städtisches Kunstmuseum

83
Holzplastik '83 Baselitz, 1983
Wooden Sculpture '83 Baselitz
Sculpture sur bois '83 Baselitz
Bleistift auf Papier
Pencil on paper
Crayon sur papier
61,3 x 43,3 cm
Priv. Slg./ Priv. coll./ Coll. priv.

84
Modell für eine Skulptur, 1979/80
Photo: Bernd-Peter Keiser, Atelier Derneburg, 1980
Model for a Sculpture, 1979/80 in the Derneburg Studio, 1980
Modèle de sculpture, 1979/80, Atelier Derneburg, 1980
Skulptur: Linde, mit Tempera rot und schwarz bemalt
Sculpture: Limewood, painted in red and black tempera
Sculpture: Bois de tilleul, peint à la détrempe en rouge et noir
178 x 147 x 244 cm
Köln/ Cologne
Museum Ludwig

85
Kopf, 1979/84
Head/Tête
Linde, mit Ölfarbe schwarz und rot bemalt
Limewood, painted in black and red oil
Bois de tilleul, peint à l'huile en noir et rouge
30 x 48 x 26,5 cm
Priv. Slg./ Priv. coll./ Coll. priv.

86
Skulptur, 1982
Sculpture
Bleistift auf Papier
Pencil on paper
Crayon sur papier
61 x 43 cm
Zürich/ Zurich
Pia und Franz Meyer/ Pia and Franz Meyer/ Pia et Franz Meyer

87
Ohne Titel, 1983
Untitled/ Sans titre
Tusche auf Papier
Ink on paper
Encre de Chine sur papier
61,3 x 19,5 cm
Priv. Slg./ Priv. coll./ Coll. priv.

88
Ohne Titel, 1983
Untitled/ Sans titre
Schwarze Kreide auf Papier
Black chalk on paper
Craie noire sur papier
61,3 x 43,2 cm
Priv. Slg./ Priv. coll./ Coll. priv.

89
Ohne Titel, 1982/ 84
Untitled/ Sans titre
Linde, mit Ölfarbe blau, rosa und weiß bemalt
Limewood, painted in blue, pink and white oil
Bois de tilleul, peint à l'huile en bleu, rose et blanc
253 x 71 x 46 cm
Edinburgh/ Edimbourg
National Gallery of Scotland

90
Der Rote Mann, 1984/ 85
The Red Man/ L'homme rouge
Weide, mit Ölfarbe rosa und blau bemalt
Willow wood, painted in pink and blue oil
Bois de saule, peint à l'huile en rose et bleu
299,5 x 54,5 x 55 cm
Zürich/ Zurich
Pia und Franz Meyer/ Pia and Franz Meyer/ Pia et Franz Meyer

91
Ohne Titel, 1986
Untitled/ Sans titre
Kohle auf Papier
Charcoal on paper
Fusain sur papier
100 x 70 cm
Priv. Slg./ Priv. coll./ Coll. priv.

92
Tanzende Frau, 1987
Dancing Woman/ Femme dansant
Holzschnitt
Woodcut
Xylographie
Plattenformat/ Plate format/ Dimensions de la planche: 67,1 x 43 cm
Leverkusen, Museum Morsbroich

93
Gruß aus Oslo, 1986
Greetings from Oslo/ Souvenir d'Oslo
Linde, mit Kohle und Ölfarbe englischrot bemalt
Limewood, charcoal drawing, venetian red oil paint
Bois de tilleul, peint au fusain et à l'huile en rouge anglais
227 x 54,5 x 27 cm
Zürich/ Zurich
Kunsthaus Zürich

94
Malerkopf wie Blumenstrauß II, 1987
Painter's Head as a Bouquet of Flowers II
Tête de peintre peinte à la manière d'un Bouquet II
146 x 114 cm
New York, Courtesy Michael Werner Inc.

95
G.-Kopf, 1987
G.-Head/ G.-Tête

Buche, mit Ölfarbe blau bemalt
Beechwood, painted in blue oil
Bois de hêtre, peint à l'huile en bleu
99 x 65,5 x 58,5 cm
Aachen/ Aix-la-Chapelle
Neue Galerie – Sammlung Ludwig

96
Ohne Titel, 1988
Untitled/ Sans titre
Kohle auf Papier
Charcoal on paper
Fusain sur papier
47,5 x 37,5 cm
Priv. Slg./ Priv. coll./ Coll. priv.

97
Ohne Titel, 1988
Untitled/ Sans titre
Bleistift auf Papier
Pencil on paper
Crayon sur papier
48 x 38 cm
Priv. Slg./ Priv. coll./ Coll. priv.

98
Tragischer Kopf, 1988
Tragic Head/ Tête tragique
Birke, mit Ölfarbe englischrot bemalt
Birchwood, painted venetian red in oil
Bois de bouleau, peint à l'huile en rouge anglais
128,5 x 33 x 37 cm
Sammlung Stefan T. Edlis
Collection Stefan T. Edlis

99
Frau aus dem Süden, 1990
Woman of the South/ Femme du Sud
Ahorn, mit Tempera gelb bemalt
Maplewood, painted in yellow tempera
Bois d'érable, peint à la détrempe en jaune
102 x 55,5 x 17 cm
Privatsammlung
Private collection
Collection privée

100
Orangenesser I, 1981
Orange Eater I/ Mangeur d'orange I
Öl und Tempera auf Leinwand
Oil and tempera on canvas
Huile et détrempe sur toile
146 x 114 cm
Priv. Slg./ Priv. coll./ Coll. priv.

101
Glastrinker, 1981
Glass Drinking Man/ Buveur au verre
162 x 130 cm
Boulder (Colorado), Aaron Katz

102
Stilleben, 1981
Still Life/ Nature morte
130 x 97 cm
New York, Chase Manhattan Bank

103
Kaffeekanne und Orange, 1981
Coffee Pot and Orange
Cafetière et orange
146 x 114 cm
Priv. Slg./ Priv. Coll./ Coll. priv.

104
Mein Vater blickt aus dem Fenster IV, 1981
My Father Looks out of the Window IV
Mon père regarde par la fenêtre IV
162 x 130 cm
Priv. Slg./ Priv. coll./ Coll. priv.

105
Ohne Titel (Tulpe), 1962
Untitled (Tulip)/ Sans titre (Tulipe)
Tusche auf Papier
Ink on paper
Encre de Chine sur papier
31,7 x 24,4 cm
Priv. Slg./ Priv. coll./ Coll. priv.

106
Tulpen, 1983
Tulips/ Tulipes
Aquarell auf Papier
Watercolour on paper
Aquarelle sur papier
61,1 x 43,2 cm
Basel/ Basle/ Bâle
Kunstmuseum, Die öffentliche Kunstsammlung, Kupferstichkabinett

107
Tulpen, 1981
Tulips/ Tulipes
130 x 97 cm
Basel/ Basle/ Bâle
Galerie Beyeler

108
Die Mädchen von Olmo, 1981
The Girls of Olmo/ Les filles d'Olmo
Tusche und Ölfarbe auf Papier
Ink and oil on paper
Encre de Chine et huile sur papier
86 x 61 cm
München/ Munich
Staatliche Graphische Sammlung

109
Die Mädchen von Olmo II, 1981
The Girls of Olmo II/ Les filles d'Olmo II
250 x 250 cm
Paris, Centre Georges Pompidou

110
Adler im Bett, 1982
Eagle in Bed/ Aigle au lit
250 x 250 cm
Joseph E. und Arlene McHugh/ Joseph E. and Arlene McHugh/ Joseph E. et Arlene McHugh

111
Edvards Kopf, 1983
Edvard's Head/ La tête d'Edvard
Aquarell auf Papier
Watercolour on paper
Aquarelle sur papier
61,1 x 43,2 cm
Basel/ Basle/ Bâle
Kunstmuseum, Die öffentliche Kunstsammlung, Kupferstichkabinett

112
Maler mit Fäustling, 1982
Painter with Mitten/ Le peintre en moufle
250 x 200 cm
Priv. Slg./ Priv. coll./ Coll. priv.

113
Edvard Munch: Der Schrei, 1895
The Scream/ Le cri
Holzschnitt
Woodcut
Gravure sur bois
New York, The Museum of Modern Art

114
Kopf, 1959
Head/ Tête
Tusche auf Papier
Ink on paper
Encre de Chine sur papier
24,1 x 17 cm
Priv. Slg./ Priv. coll./ Coll. priv.

115
Edvards Kopf, 1983
Edvard's Head/ La tête d'Edvard
250 x 200 cm
Priv. Slg./ Priv. coll./ Coll. priv.

116
Nachtessen in Dresden, 1983
Dinner in Dresden/ Dîner à Dresde
280 x 450 cm
Basel/ Basle/ Bâle
Galerie Beyeler

117
»Der Abgarkopf«, 1984
»The Abgar Head«/ »La tête d'Abgar«
(Von links nach rechts/ From left to right/ De gauche à droite: 130 x 97 cm; 130 x 97 cm; 125 x 100 cm; 130 x 97 cm)

118
Der Abgarkopf, 1984
The Abgar Head/ La tête d'Abgar
250 x 200 cm
Humlebæk, Dänemark/ Denmark/ Danemark
Louisiana Museum

119
Tulpen, 1983
Tulips/ Tulipes
250 × 200 cm
Priv. Slg./ Priv. coll./ Coll. priv.

120
Das Liebespaar, 1984
Loving Couple/ Les amants
250 x 330 cm
Priv.Slg./ Priv. coll./ Coll. priv.

121
Kampfmotive III, 1986
Fight Motifs III/ Motifs de combat III
Kohle auf Papier, 12 Zeichnungen
Charcoal on paper, 12 drawings
Fusain sur papier, 12 dessins
je/ each/ chacun 100 x 70 cm
Basel/ Basle/ Bâle
Kunstmuseum, Die öffentliche Kunstsammlung, Kupferstichkabinett

122
Pastorale – Der Tag, 1986
Pastoral – Day/ Pastorale – Le jour
330 x 330 cm
Köln/ Cologne
Museum Ludwig

123
Edvard Munch: Das Erbe I, 1897/99
Edvard Munch: The Legacy I
Edvard Munch: Le légataire I
141 x 120 cm
Oslo, Munch – Museet

124
Giovanni Battista Rosso:
Madonna col Bambino, c. 1514
Öl auf Holz
Oil on panel
Huile sur bois
83 x 63 cm
Arezzo, Museo Comunale

125
Nach Rosso, 1960
After Rosso/ D'après Rosso
Tusche auf Papier
Ink on paper
Encre de Chine sur papier
29,7 x 21 cm
Priv. Slg./ Priv. coll./ Coll. priv.

126
Akt, 1960
Nude/ Nu
Tusche auf Papier
Ink on paper
Encre de Chine sur papier
22,1 x 16,2 cm
Priv. Slg./ Priv. coll./ Coll. priv.

127
1897, 1986/87
290 x 290 cm
Rotterdam, Museum Boymans-van Beuningen

128
Hill's Eiche, 1987
Hill's Oak/ Le chêne d'Hill
196 x 166 cm
Priv. Slg./ Priv. coll./ Coll. priv.

129
Rote Nase, 1987
Red Nose/ Nez rouge
250 x 200 cm
Bonn, Städtisches Kunstmuseum,
Dauerleihgabe der Sammlung Grothe
On permanent loan from the collection Grothe
Prêt permanent de la collection Grothe

130
Das Malerbild, 1987/ 88
The Painter's Picture/ L'image du peintre
280 x 450 cm
Chicago (Ill.), Gerald S. Elliott

131
Dicke Blonde, 1987
Fat Blonde/ La grosse blonde
250 x 200 cm
Priv. Slg./ Priv. coll./ Coll. priv.

132
Selbstportrait mit blonder Locke
Self-Portrait with blonde Curl/Autoportrait avec
boucle blonde 146 x 114 cm
Priv. Slg./ Priv. coll./ Coll. priv.

133
Selbstportrait Desaster, 1987
Self-Portrait Disaster/ Autoportrait désastre
Öl und Pastell auf Leinwand
Oil and pastel on canvas
Huile et pastell sur toile
250 x 200 cm
Paris, Galerie Laage-Salomon

134
Das Motiv: Giraffe, 1988
The Subject: Giraffe/ Le motif: Girafe
130 x 97 cm
Neapel/ Naples
Courtesy Lucio Amelio

135
Image, 1988/89
162 x 130 cm
New York, Courtesy Michael Werner Inc.

136
Ohne Titel, 1988
Untitled/ Sans titre
Kohle, Pastell- und Ölkreide
Charcoal, pastel and oil chalk
Fusain, pastel et crayon gras
77 x 59 cm
Priv. Slg./ Priv. coll./ Coll. priv.

137
Ohne Titel, 1988
Untitled/ Sans titre
Kohle, Pastell- und Ölkreide
Charcoal, pastel and oil chalk
Fusain, pastel et crayon gras
77 x 59 cm
Basel/ Basle/ Bâle
Galerie Beyeler

138
Das Motiv: Pauls Stuhl, 1988
The Subject: Paul's Chair
Le motif: la chaise de Paul
146 x 114 cm
Priv. Slg./ Priv. coll./ Coll. priv.

139
N.Y., 1988
162 x 162 cm
New York
Courtesy Michael Werner Inc.

140
Das Motiv: Das Glück in der Tasche, 1988
The Subject: The Happiness in One's Pocket
Le motif: le bonheur en poche
146 x 114 cm
Schweiz/ Switzerland/ Suisse
Priv. Slg./ Priv. coll./ Coll. priv.

141
Ciao America I, 1988
250 x 200 cm
Washington, Hirshhorn Museum and Sculpture
Garden

142
Ciao America, Nr.1, 1988
Ciao America, No.1
Holzschnitt, 1. Zustand, Probedruck
Woodcut, first state proof
Gravure sur bois, 1e impression, épreuve

Für Abbildung 142–145: Plattenformat/ Plate
size for illustrations 142–145: Pour les illustrations 142–145: Dimensions de la planche:
162 x 130 cm
Bonn, Städtisches Kunstmuseum,
Dauerleihgabe der Sammlung Grothe/ On permanent loan from the Grothe Collection / Prêt
permanent de la collection Grothe

143
Ciao America, Nr.2, 1988
Ciao America, No. 2
Holzschnitt, 2. Zustand, Probedruck
Woodcut, second state proof
Gravure sur bois, 2e impression, épreuve

144
Ciao America, Nr.3, 1988
Ciao America, No.3
Holzschnitt, 3. Zustand, Probedruck
Woodcut, third state proof
Gravure sur bois, 3e impression, épreuve

145
Ciao America, Nr.4, 1988
Ciao America, No.4
Holzschnitt, 9. Zustand, Probedruck
Woodcut, ninth state proof
Gravure sur bois, 9e impression, épreuve

146
Volkstanz IV, 1989
Folk Dance IV/ Danse populaire IV
250 x 250 cm
Priv. Slg./ Priv. coll./ Coll. priv.

147
Der Krug, 1989
The Jug/ La cruche
130 x 97 cm
Priv. Slg./ Priv. coll./ Coll. priv.

148
45, 1989
Öl und Tempera auf verleimtem Sperrholz, mit
dem Hobel bearbeitet, 20 Teile
Oil and tempera on glued plywood, planed, 20
pieces
Huile et détrempe sur contreplaqué collé et ra-
boté, 20 pièces
je Tafel/ each panel/ chaque panneau:
200 x 162 cm
Zürich/ Zurich
Kunsthaus Zürich

Das Rüstzeug der Maler   Eine Frage und eine Antwort darauf. Sind die Maler noch diejenigen Maler, die die große Höhle bemalen? Malen sie den Büffel an die Wand als den Hunger, den Adler als die Freiheit, die Frau mit dem dicken Hintern als die Liebe? Malen sie den Büffel als das Tischleindeckdich? Haben sie die Höhle inzwischen verlassen, sich aus der Gemeinschaft gestohlen und die allgemeinen, verständlichen Vereinbarungen vergessen, weil der Zauber den Hunger nicht stillt, das Fliegen nicht klappt und auch die Sehnsucht nach Liebe die Liebe nicht bringt? Haben sie die Höhle mit einem anderen Platz vertauscht? Die Propagierung über die Bedürfnisse »Was braucht der Mensch?« nährt sich aus Sehnsucht nach Freiheit und Todesangst und verführt zu einem anderen Weg, abseits von der Bahn der Maler. Die hellen Köpfe, Überflieger, Neuerer, Aktivisten, voran die Verrückten und die Feuerköpfe sind in ihrem eigenen Schädel geblieben. Sie rufen mutige Devisen: Bilder sollen im Halse stecken bleiben, man soll die Augen vernageln und Herzen in die Zange nehmen. Fischgräte, Bombennacht und Trennung. Also, man sitzt noch beisammen ums Feuer, wärmt sich die Malstuben, ist satt und verliebt. Auf den zerborstenen Leinwänden sind die prächtigen Ornamente voll wirrer Linien und üppiger Farben, kristalline Galerien hängen über den Rahmen. Alles, was aufrecht stand, das Stilleben, ist umgeworfen worden, die Landschaft ist gepackt und entwurzelt worden, die Interieurs wurden zerwühlt, zerkratzt und durchbohrt wurden die Portraits. Die Malerei wurde die Musik. Der Surrealismus hat gesiegt. Alle haltbaren Sachen sind aus den Bildern geflogen. Jetzt geht der Ton durch die Wände, die Linie steht Kopf. Sind die Maler nun unglücklich und frieren? Sie tanzen und feiern Feste mit Freunden, sie laden die Väter ein und trinken Capri mit ihnen. Ein schwarzes Bild ist weiß wie der Himmel. Die Farben glühen in der dunklen Höhle. Licht ist überflüssig. Überhaupt ist alles ganz anders. Den Apparat Venus, den Zeus, die Engel, Picasso haben die Maler erfunden, wie eben auch den Stier, das Brathuhn, das Liebespaar. Die Birnbaumpalette wurde zum Eimer, der Pinsel zum Messer, zum Beil und Knüppel. Die größten Bilder sind größer und die kleinsten kleiner denn je. Einer hat ein Bild von 5 Zentnern gemalt. Ein Chinese ist im Handstand über die Leinwand gelaufen. Ein Norweger hat einen Birkenwald von 68 ha Größe auf 4 cm² Leinwand gemalt. So will ich ja nicht weiterreden. Die Hygiene, ich meine die Religion, wird eingesetzt. Eine Sache ist Disziplin, eine andere die Bildung und auch die Meditation. Der Rausch wird zur Vorbereitung oder zur Stabilisation der Haltung benützt. Manche essen gut, andere reinigen sich durch Fasten. Wenn ich denke, das Rumfuhrwerken, die Konfusion bringt nichts, sondern zack, zack, macht mein Freund zwischen New York und Köln die besten Bilder in der Hosentasche, wo er eigentlich den Kanarienvogel sitzen hat. Sieht man mehr von der Welt, wenn man auf eine Leiter steigt, sieht man noch mehr, wenn man sich flach auf den Acker legt und die Nase in die Erde steckt? So und so. Der Unterschied zwischen einem deutschen und einem italienischen Apfelbaum ist gewaltig groß. Ich habe in der Toskana im Garten Fotos gemacht von solchen Bäumen. In Deutschland zu Hause war dann meine Aufregung groß über diese Exoten-Apfelbäume, unmalbar diese Märchen-baumerfindungen. Ich bin dahintergekommen, ich wollte gar keinen Apfelbaum malen. Ich saß noch unter der Mutter und hatte nur die Nase rausgesteckt. Die Welt hat sich nicht geöffnet, das Geheimnis blieb verborgen im Ding, nun aber war die Verwirrung da. Das ist eine Erfahrung, nur eben nicht die, die durch Verschiebung des Horizontes bildet. Die ersten la-la-Laute und Punkt, Punkt, Komma, Strich sind sehr vehemente Schöpfungen für den, der sie macht. Das ist keine Theorie. Ich habe Fidelio komponiert, ich weiß genau, daß ich als 6jähriger das Stück dirigiert habe, Hund und Hase habe ich mit acht Jahren gemalt und mit AD signiert. Das eine Aquarell liegt in der Wiener Albertina, der Hund ist verlorengegangen. Um mich zu erinnern, vielleicht auch um meine Vergangenheit zu errichten, habe ich z. B. 1969 den Wald gemalt, denn ich bin überzeugt, daß die »Jagdpause im Wermsdorfer Wald« in der Schule in Sachsen von mir im 8. Schuljahr gemalt wurde. Das Bild ist kleiner als die Erinnerung. Vor mir auf dem Tisch steht eine silberne Thermoskaffeekanne mit warmem Kaffee darin. Mit dieser Kanne könnte ich überhaupt nichts anfangen, wenn ich mich darin nicht spiegeln würde. So fällt mir mein Selbstbildnis mit der großen Hand im Vordergrund ein – hängt in Wien. Dort ist richtiger Surrealismus nur deshalb, weil ich wiederum genau weiß, ich hatte zu der Zeit hellblonde kurze Haare und nicht diese dunklen Locken. Mein lang gehegter Plan ist, Bilder hinter der Leinwand zu malen. Ich will mich nicht hinter der Leinwand verstecken, sondern aufrecht davor stehen. Das Rüstzeug des Malers sind für diesen Malakt zu kurze Arme. Die Anatomie versagt. 1993 hat ein Maler sicher einen Arm um 50 cm länger und macht dieses »Hinter der Leinwand-Bild«. Das bin ich. Deshalb male ich heute, 16. XI. 1985, diesen Futurismus und signiere mit Datum 1993. Alles, was hinter dem Maler liegt, liegt auch vor ihm. Seit ich damals auf einem zugefrorenen See hart mit dem Kopf auf das Eis fiel, ist mir ein singender Ton im Schädel geblieben. Das war ein völlig unproduktiver Akt, der die These der nicht reproduzierbaren Erfahrungen bestätigt. Erst jetzt nämlich verschwand aus meinem Kopf dieser Ton, wurde ausgelöscht, als ich nach dem Paukenwirbel in Bruckners 2. Sinfonie den liegengebliebenen Ton hörte. Wie bei einer psychischen Interferenz sauste die Luft aus dem Ohr. Solche Akte (Eisstürze) gehören nicht zum Rüstzeug des Malers. Hier hat die Natur etwas anderes vor. Angenommen, man malt einen Apfelbaum, inzwischen wird es dunkel, wird Nacht, man hört auf zu malen. Anderntags malt man über diesen Apfelbaum ein Stilleben. Hat man das Ziel aus dem Auge verloren? Am dritten Tag malt man darüber ein Porträt, so malt man beliebig lange ein Ding über das andere. Kommt jetzt jemand und fragt, was tust du da, ich würde sofort antworten, ein ..., denn so mache ich es. Niemand zwingt den Maler in jene Gesellschaft, deren Doktrin die verlogenen Bilder fordert, auf denen der Gute dem Bösen Beispiele politischen Irrsinns ins Bilderbuch zeichnet. Wenn ich ein Tischleindeckdich male, esse ich es selber leer. Meine Frau streicht mir sanft über den Kopf. Das Bild wird nicht fertig, liebe Frau, sollte der Maler vorher von der Leiter fallen. Die weiße Kontur entzündet einen schwarzen Hintergrund. Die spanischen Maler sind gute Beleuchter. Der Erfinder des großen Theaterbühnenscheinwerfers ist Velàzques. Ich bin bei seiner Beleuchtungsprobe weggelaufen. Bei so gebündeltem Licht wird mir schwindelig. Vielleicht war das Weglaufen ein Fehler, denn nun fehlt mir dieses Rüstzeug. Ich muß den Farbbrei mit einem Seil zusammenziehen. Wie Schlangen liegen die Seilenden in der Sonne, die schwarze Natter liegt obenauf, auf dem Stilleben. Dort auf dem Bild wird, wo es wichtig ist, scharf gezeichnet und wo es ebenso wichtig ist, verschwimmt die Linie, sie schlingert und verschwindet im Dunkeln. Ich lüge nicht – gerade sehe ich Marat in der Badewanne, das Bild von David. Eigentlich sehe ich den Arm mit der Feder in der Hand besser, das Armpendel, die Stunde schlägt, die neue Zeit. Dieser Arm mit Hand ist von Rosso, jenes Bild, auf dem hinten Moses wütet. Unmöglich kann Rossos Modell zu David's Zeiten noch gelebt haben, aber es ist derselbe Arm, also sind Rosso und David ein und derselbe. Dieser *Arm* ist ein Rüstzeug. Reinkarnation ist Unsinn. Ebenso ein Rüstzeug sind die *grünen* und *roten Punkte* der Girlande in der Priscillagruft, die Renoir ausgemalt hat. Ich habe daneben gestanden und am Tanzschritt gearbeitet. Viele Maler waren in dieser Höhle. Die Frau mit dem Tambourin war noch nicht da. Die Toten brauchen die besten Bilder, das ist die Kunstgeschichte, man kann auch sagen, in der Finsternis sind die Bilder. Ich sage hier alles positiv, Schlechtes sollte beiseite bleiben. Hier die einzelnen Punkte aufgezählt: *alle Maler leben;* die *Leidenschaft kann sein;* die *Hygiene;* die *Farbe,* z. B. *rot;* alle *Dinge auf den Bildern,* z. B. *gar nichts drauf;* die *Linie,* diese kann aus dem Hintergrund, vom Grunde der Leinwand oder selbst durch die Leinwand durch ins Auge schießen; das *Ornament,* geflochten, gedreht, gewunden, auch stürzend, kann auch als *Schlange* oder *Strick* sein; der *Punkt,* als *Punkt,* als *Fleck,* als *Haufen* wie ein *Fladen,* fliegt auch manchmal über die Leinwandfläche; die *Fläche* selber, nicht auszudenken was alles, z. B. als *Haar,* als *Körper,* als *Brust* eines Helden, als *grünes Auge* oder eben als *Tannenbaum,* als *Meer* wenn möglich ohne Perspektive; die *Erzählung,* hier wäre z. B. die *Mythe* vom trojanischen Pferd interessant; die *Musik,* in Rembrandt's Braunschweiger Familienbild wird dunkelgelb Cello gespielt; *Zahlen,* das *Modul,* die *Proportion,* nicht das Beispiel mit der Leiter, sondern vielmehr Eskimo und Eisberg, Zyklop hinterm Felsen; natürlich auch alles, was Maler erfunden haben, wie den *Schornstein,* das *Haus,* die *Lokomotive,* die *Pyramide,* das *Straßenpflaster,* das *Fensterkreuz;* auch die *Sachen ohne Winkel,* wie *Firmament* und *Sternenmeer.* Besseres oder schlechteres Leben ist hier nicht drin, im Rüstzeug. Illusionen sind Sache der Interpreten. Der schönste Bilderakt von Modigliani hat keine Haut, kein Fleisch, keine Zähne. Man kann soweit nicht gehen und sagen, Bilder hätten das. In dieser Aufzählung fehlt, wie man merkt, das Motiv, es ist nicht enthalten aus folgendem Grund: David's Bild mit dem ermordeten Marat in der Badewanne ist selbstverständlich ebenso ein Höhlenbild wie eine ausgemalte Etruskergruft. Sind denn für andere Bilder überhaupt sichtbar? Die große Höhle ist dunkel, die Bilder sind kaum zu sehen. Die Grabhöhle der Etrusker oder Ägypter ist vollständig finster, man sieht die Bilder gar nicht. Der Maler hat also Bilder gemalt, die keiner sieht. Wiederum hat Renoir in der Priscillagruft nicht gepfuscht, wie wir jetzt prüfend sehen, wobei er niemals davon ausgehen konnte, daß wir sie je sehen würden. Warum hat er das dennoch getan? Den Betrachter hat das Publikum erfunden, nicht die Maler. Nur die veränderte Zivilisation, der andere kulturelle Anspruch hat dieses Bild ans Licht gezogen. Alle Toten haben einst gelebt. So ist dieses Bild ein Epitaph. Der Büffel mit den Pfeilspitzen ist hier der tote Marat und das Tintenschwämmchen ganz zweifelsfrei das Brötchen der Stilleben bzw. das Tischleindeckdich. Sieht man die Kostüme der Leute, die reichen Gewänder und hängenden Tücher, das Innere des Zimmers, die Badewanne, so kann man sagen, mit einem Bein stand David im alten Rom. Das ist die verschobene Zivilisation, nicht entwickelt zum Besseren hin, nur verschoben. Das Motiv in David's Kopf ist die Höhle mit den Höhlenbewohnern und ihrer noch intakten ungebrochenen Übereinkunft, daß der Büffel und das Brötchen sowohl die Lebenden wie die Toten ernährt. Kein Maler geht auf Motivsuche, das wäre paradox, denn das Motiv ist im Kopf des Malers, der Mechanismus, der denkt. Überall, auf jedem Bild, sind die Büffel und Brötchen als Ausdruck des Motivs. Die Instinkte sagen uns, was wir damit anzufangen haben. Unsere Sehnsucht braucht Bilder. Jetzt klopft es an der Tür. »Herein!« Herein tritt ein Maler, was ich gleich an dem Farbspritzer auf der Hose und den schmutzigen Fingernägeln erkenne. »Darf ich mich zu Ihnen setzen?« »Bitte!« »Wollen wir uns über... unterhalten?« »Warum nicht!« Er sieht die Thermoskaffeekanne auf dem Tisch zwischen uns. »Könnten Sie mir einen Kaffee spendieren?« Wenn er den Parmigianino nicht erkennt, sondern nur an den Kaffee in der Kanne denkt, ist er sicher ein Realist und ganz verdorben. Zumindest könnte er ja auch denken, die Kanne sei leer. Sie ist nämlich inzwischen leer. Bleibt mir also daher nur zu antworten »Leider nein, denn das hier ist mein Selbstporträt, aus dem Sie Kaffee trinken wollen.« Ich will ihn schließlich nicht allzusehr verwirren, indem ich ihm erst umständlich erkläre, daß in der Kanne gar kein Kaffee mehr ist. Er antwortet, ganz unerwartet »So etwas können Sie mir nicht vormachen. Ich sehe, was ich weiß.« Darauf ich »Sie wollen wohl das Motiv in meinem Atelier finden?« Er ist ein praktischer Mensch, er liebt die Schönheit, er will sich innerlich wärmen mit Kaffee, dann will er sein Programm vortragen und sich mit mir gemein machen. Jedenfalls antwortet er ganz verblüfft »Ja, aber hier steht ja gar kein Aktmodell.« Jetzt weiß ich, daß er lügt, denn zum Aktzeichnen braucht er einen Zeichenblock, den hat er aber nicht mitgebracht. Was tun? Ich beschließe, ihm nichts vom Rüstzeug zu erzählen und antworte nur kurz »Es ist eben keine Sibylle zwischen uns getreten.«

Georg Baselitz, Derneburg, 12. Dezember 1985

Painters' Equipment   A question and its answer. Are the painters still those painters who are painting the great cave? Do they paint the buffalo on the wall as hunger, the eagle as freedom, and the woman with a big bottom as love? Do they paint the buffalo as the table which magically sets itself? Have they meanwhile left the cafe, cleared out of the community and forgotten all those universal, comprehensible agreements, because magic does not still hunger, because flying does not work, and yearning for love does not breed love? Have they traded the cafe for some other place? Propagandizing about needs, ›What does man need?‹, feeds upon a yearning for freedom and the fear of death and entices us into taking another way, off the painters' course. The smart ones, hotshots, innovators, activists – in the forefront madmen and hotspurs – have remained within their own skulls. They proclaim plucky mottos: paintings should stick in the throat, eyelids should be nailed down, and hearts grabbed with pliers. Fishbone, air-raid, and separation. Well, one still sits together around the fire, warms up the studios, has had enough to eat and is in love. On battered canvases are those sumptuous ornaments filled with jumbled lines and rich colours; crystalline galleries hang over the frames. All the once stood erect, the still-life, has been knocked over, the landscape has been seized and uprooted, the interiors tangled and the portraits scratched and pierced. Painting became music. Surrealism won. Everything durable has been kicked out of the paintings. Now, the tone goes right through the walls, the line stands upside down. Are the painters now unhappy and freezing? They dance and celebrate with their friends, they invite their fathers and drink Capri with them. A black painting is as white as the sky. The colours in the dark cave are aglow. Light is superfluous. Everything is utterly different, anyway. The paraphernalia of Venus, Zeus, the angels, Picasso were invented by the painters, as well the bull, the roast chicken, and the lovers. The pearwood palette became a pail, the brush a knife, an axe and a club. The largest paintings are larger, and the smallest are smaller than ever before. Someone painted a painting weighing five hundred pounds. A Chinese handwalked over the canvas. A Norwegian painted 168 acres of birchwood on one and one-half square inches of canvas. This is not the way I want to continue. Hygiene, I mean religion, is employed. Discipline is one thing, education another, and meditation, too. Intoxication is used to prepare or to stabilize an attitude. Some eat well, others purify themselves through fasting. While I see no point at all in bustling around, in being confused, zap, zap, my friend between New York and Cologne makes the best paintings in his trouser pocket, where his canary sits. Does one see more of the world by climbing a ladder, does one see still more by lying down flat on the field and by sticking one's nose in the ground? Either way. The difference between a German and an Italian apple tree is enormously large. In Tuscany in the garden I took photos of such trees. Back home in Germany I was terribly excited by these exotic apple trees, these unpaintable fairy-tale-tree-inventions. I realized that I did not want to paint an apple tree at all. I was still under the mother and had stuck out only my nose. The world had not opened up, the secret remained hidden within the object, but now there was confusion. That is an experience, but not of the kind that broadens your mind through shifting horizons. The first la-la sounds and the first dot-dot-comma-dash are indeed vehement creations for the one who makes them. This is not theory. I composed Fidelio, I know precisely that as a 6-year-old I conducted this very piece; hare and dog I painted when I was 8 years old, signing them AD. One of these watercolours is in Vienna, in the Albertina, the dog is lost. In order to remember, and perhaps also to rebuild my past, I painted for example, in 1969, the forest, for I am convinced that ›The Hunters at Rest in Wermsdorf Forest‹ was painted by me in my eighth year at school in Saxony. The painting is smaller than the memory. In front of me, on the table, there is a silver thermos-coffeepot with warm coffee. This pot would not mean anything to me, were it not that I see myself reflected in it. Thus, I am reminded of my self-portrait with the large hand in the foreground – it hangs in Vienna. There is true surrealism there, but only because I once again know exactly that at that time I had short fair hair and not these dark curls. My long cherished plan is to paint pictures behind the canvas. I do not want to hide behind the canvas, but want to stand upright before it. The painters' equipment for this act of painting are arms which are too short. Anatomy fails. By 1993, some painters will surely have an arm eighteen inches longer and will make this ‹behind-the-canvas-picture›. That's me. Therefore, I paint today, 16 November 1985, this sort of futurism and sign it with the date 1993. All that which lies behind the painter also lies before him. Ever since I fell on a frozen lake with my head hitting the ice hard, a singing tone has remained inside my skull. This was a totally unproductive act which proves the thesis of the unreproductibility of experience. Only recently did this sound vanish from my head; it was erased when I heard the lingering sound after the drum roll in Bruckner's Second Symphony. As if by a psychic interference the air rushed out of my ear. Such acts (falling on ice) do not belong to the painters' equipment. Here, nature has different plans. Suppose one paints an apple tree; meanwhile it grows dark, night falls, one stops painting. On the following day one paints a still-life over this apple tree. Is one off target? On the third day one paints a portrait over it; one paints like that as long as one wants one thing on top of another. If someone now comes and asks what are you doing, I would immediately answer, a . . . ., because that is how I do it. No one forces the painter into a society whose doctrine demands phoney paintings in which the good draws examples of political madness for the picture book of the bad. If I paint the table which magically sets itself, I'll eat it up myself. My wife gently strokes my head. The painting will never be finished, my dear, should the painter fall from the ladder. The white contour ignites a black background. The Spanish painters are good lighting engineers. The inventor of the large theatre-spotlight is Velazquez. I ran away from his lighting rehearsal. Such a focused light makes me feel dizzy. Maybe it was wrong to run away, for now I miss this equipment. I must pull together the mush of paint with a rope. Like snakes, the ends of the rope are lying in the sun, the black adder lies on top, on top of the still-life. There, on the painting, drawing is precise where it matters and where it equally matters the line is blurred, it lurches and disappears into darkness. I am not lyring – right now, I see Marat in the bathtub, the painting by David. Actually, what I see better is the arm with the pen in the hand, the pendulum-arm, the hour has come, the new era. This arm with hand is by Rosso, that painting where Moses rages in the background. It is impossible for Rosso's model to have been still alive at the time of David, but it is the same arm; therefore, Rosso and David are one and the same. This *Arm* is equipment. Reincarnation is nonsense. Equipment also comprises *green* and *red dots* on the garland in the Tomb of Priscilla painted by Renoir. I was standing by and was working on the dance step. Many painters were in that cave. The woman with the tambourine was not yet there. The dead need the best paintings, that is art history, one can add that the paintings are in the darkness. Everything I am saying here is positive, what is bad should be left aside. There are the points to be enumerated: *all painters are living; passion may be there; hygiene; colour,* e. g. *red; all things in the paintings,* e. g. *nothing in them at all; line,* it can shoot into the eye from the background, from the bottom of the canvas, or even right through the canvas; *ornament,* braided, twisted, wound, even falling, can also be as *snake* or *rope; dot* as *dot* as *spot* as *pile,* like *flat-cake,* also flies sometimes across the plane of the canvas; the *plane* itself, impossible to imagine everything, e. g. as *hair,* as *body,* as *chest* of a hero, as *green eye* or even as *Christmas tree,* as *ocean,* if possible, not in perspective; *narration,* here, for instance, the *myth* of the Trojan Horse would be of interest; *music* -in Rembrandt's Family Group in Brunswick a cello is played deep yellow; *numbers, module, proportion,* not the example with the ladder, but rather Eskimo and iceberg, cyclops behind the rock; of course also everything invented by painters, such as *chimney, house, locomotive, pyramid, pavement, window -cross;* also *things without angles,* as *firmament* and *sea of stars.* A better or worse life is not contained here, among the equipment. Illusions belong to the interpreters. The most beautiful of Modigliani's painted nudes has no skin, no flesh, no teeth. One cannot go so far and say that paintings have these things. In this list, as you will have noticed, the motif is missing, it is not included for the following reason: David's painting with the murdered Marat in the bathtub is as obviously just as much a cave painting as is a painted Etruscan tomb. Can paintings actually be seen by others? The great cafe is dark, the paintings can hardly be seen. The tombs of the Etruscan or Egyptian are pitch-dark, one does not see the paintings at all. Thus, the painter painted paintings which no one can see. Again, Renoir has not bungled in the Tomb of Priscilla, as we now see on close examination, although he could never have assumed that we were ever going to see it. Why did he do it then? The viewer was invented by the public, not by the painters. Only the changed civilization, another cultural imperative brought this painting to light. All the dead had once been alive. Thus, this painting is an epitaph. The buffalo with the arrowheads is here the dead Marat, and the little ink-sponge is, without question, the roll in the still-lifes, or else the table which magically sets itself. If we look at the costumes of the people, the rich garments and draped fabrics, the interior of the room, the bathtub, we can say that David had one foot in ancient Rome. This is shifted civilization, not developed toward something better, just shifted. The motif in David's mind is the cave with the cavemen and their still intact, unabashed agreement that the buffalo and the roll feed both the living and the dead. No painter goes hunting for motifs, that would be paradoxical, because the motiv is in the mind of the painter, the mechanism which thinks. Everywhere in every painting the buffalos and rolls are an expression of the motif. Our instincts tell us what to do with them. Our yearning needs pictures. There is a knock on the door. ›Come in!‹ Enter a painter, as I can readily recognize from the stain of paint on his trousers and from his dirty fingernails. ›May I sit down?‹ ›Sure.‹ ›Want to talk about . . .?‹ ›Why not.‹ He notices the thermos-coffeepot on the table between us. ›Could you give me a cup of coffee?‹ If he fails to recognize the Parmigianino but thinks only about the coffee in the pot, he is certainly a realist and completely depraved. It might at least occur to him that perhaps the pot is empty. As a matter of fact, it is in the meantime empty. Thus, all I can do is to answer, ›I'm afraid not, because this is my self-portrait out of which you want to drink coffee.‹ After all, I do not want to confuse him too much by first complicatedly explaining to him that there is no more coffee in the pot. He answers, quite unexpectedly. ›You can't fool me like that. I see what I know.‹ To which I respond, ›You probably want to find the motif in my studio.‹ He is a practical person, he loves beauty, he would like to warm himself up with coffee, then he wants to present his program and fraternize with me. Anyway, he answers totally perplexed, ›Oh, there's no nude model here.‹ Now I know he is lying, because for nude drawings he needs a sketch-pad, which he has not brought with him. What now? I decide to tell him nothing about the equipment and tersely answer, ›No sibyl has stepped between us.‹

Georg Baselitz, Derneburg, 12 December 1985   Translation by Norbert Messler

L'outillage des peintres.   Une question et sa réponse. Les peintres sont-ils toujours ceux qui décorent la grande caverne? Peignent-ils sur le mur le buffle qui signifie la faim, l'aigle qui signifie la liberté, la femme au gros cul qui signifie l'amour? Peignent-ils le buffle comme «table couvre-toi»? Ont-ils quitté la caverne, se sont-ils retirés de la communauté, oubliant les conventions générales, intelligibles, parce que la magie n'assouvit pas la faim, qu'il est impossible de s'élever dans les airs et que le désir d'amour n'est pas l'amour? Ont-ils échangé la caverne contre un autre lieu? La propagation des besoins, «de quoi l'homme a-t-il besoin?», se nourrit du désir de liberté et de l'angoisse de la mort, et invite à emprunter un autre chemin. Les esprits lucides, les «survoleurs», les novateurs, les activistes, les fous et les illuminés sont restés à l'intérieur de leur propre crâne. Ils lancent des slogans courageux: que les tableaux restent en travers de la gorge, qu'on cloue les yeux, qu'on tenaille les cœurs! Arête de poisson, nuit de bombes et séparation. Alors on reste réunis autour du feu, on chauffe les ateliers des peintres, on est repu et amoureux. Sur les toiles crevées, les ornements magnifiques sont tout en lignes confuses et en couleurs resplendissantes, des galeries cristallines surplombent les cadres. Tout ce qui était debout, la nature morte, a été renversé, le paysage a été saisi et déraciné, les intérieurs mis sens dessus dessous, les portraits rayés et percés. La peinture est devenue musique. Le surréalisme a vaincu. Toutes choses durables se sont envolées des tableaux. Maintenant le son traverse les murs, la ligne se tient la tête en bas. Les peintres sont-ils aujourd'hui malheureux, ont-ils froid? Ils dansent et festoient entre amis, ils invitent les pères et boivent du Capri avec eux. Un tableau noir est blanc comme le ciel. Les couleurs flamboient dans la caverne obscure. Pas besoin de lumière. D'ailleurs, tout est totalement différent. Tout cet appareil Vénus, Zeus, les anges, Picasso, ce sont les peintres qui les ont inventés, tout comme le taureau, le poulet rôti, le couple d'amoureux. La palette en bois de poirier est devenue seau, le pinceau est devenu couteau, hache et gourdin. Les plus grands tableaux sont encore plus grands et les plus petits plus petits que jamais. Quelqu'un a peint un tableau de 5 quintaux. Un Chinois a marché sur une toile, en équilibre sur ses mains. Un Norvégien a peint une forêt de bouleaux de 68 ha sur 4 cm² de toile. Je ne veux pas continuer à parler comme ça. L'hygiène, je veux dire la religion, est engagée ici. La discipline est une chose, la culture en est une autre, tout comme la méditation. L'ivresse sert à préparer et à stabiliser le maintien. Certains aiment la bonne chère, d'autres se purifient en jeûnant. Quand j'y pense, le remue-ménage, la confusion n'apportent rien, mais tac, tac, en un rien de temps, mon ami peint ses meilleures toiles entre New York et Cologne dans sa poche de pantalon, là où normalement il garde son canari. Aperçoit-on davantage du monde en grimpant sur une échelle, voit-on plus encore en se couchant dans un champ? C'est selon. La différence entre un pommier allemand et un pommier italien est immense. En Toscane, j'ai pris des photos de ces arbres dans le jardin. Rentré chez moi en Allemagne, ces pommiers exotiques m'ont terriblement excité, impossibles à peindre, ces inventions d'arbres de contes de fées. Et j'ai compris que je ne voulais pas du tout peindre de pommier. J'étais encore accroupi sous ma mère et j'avais tout juste pointé mon nez dehors. Le monde ne s'est pas ouvert, le mystère est resté caché dans la chose, mais la confusion était née. C'est une expérience, mais pas celle justement qui instruit par un décalage de l'horizon. Les premiers sons, la, la, la, et le premier dessin: point, point, virgule, trait, sont des créations très véhémentes pour celui qui les produit. Ce n'est pas de la théorie. J'ai composé «Fidelio» à l'âge de six ans; à huit ans, j'ai dessiné le chien et le lièvre en signant A.D. L'une de ces aquarelles se trouve à l'Albertina de Vienne, le chien a été perdu. C'est pour me souvenir, peut-être aussi pour construire mon passé, que j'ai par exemple peint la forêt, en 1969, car je suis persuadé que la «Trêve de chasse en forêt de Wermsdorf» a été peinte par moi en classe de cinquième, en Saxe. Le tableau est plus petit que le souvenir. Sur la table devant moi, il y a une cafetière thermos argentée avec du café chaud dedans. Ce thermos ne m'intéresserait nullement si je ne me reflétais pas dedans. Cela me fait penser à mon autoportrait avec la grande main au premier plan – il se trouve à Vienne. Là, c'est du surréalisme uniquement parce que je sais parfaitement qu'à l'époque j'avais les cheveux courts, blonds clairs, et non pas ces boucles foncées. Mon projet de longue date est de peindre des tableaux derrière la toile. Je n'ai pas l'intention de me cacher derrière la toile, je me tiendrai debout devant. Pour cet acte de création, les outils du peintre sont des bras trop courts. L'anatomie refuse de servir. En 1993, il y aura certainement un peintre qui aura des bras plus longs de 50 cm et c'est lui qui fera ce «tableau derrière la toile». C'est moi. Et c'est pour cela qu'aujourd'hui, le 16 novembre 1985, je peins ce futurisme en le datant de 1993. Tout ce qui se trouve derrière le peintre se trouve également devant lui. Depuis que je suis un jour tombé sur la tête, sur un lac gelé, il reste dans ma tête un son qui tinte. Ce fut un acte improductif qui confirme la thèse de la non-reproductibilité de l'expérience. Car c'est aujourd'hui seulement que ce son s'est effacé lorsque, après le roulement des timbales de la deuxième symphonie de Bruckner, j'ai entendu le son qui persistait. Comme lors d'une interférence psychique, l'air est sorti de mes oreilles en sifflant. De tels actes (les chutes sur la glace) ne font pas partie de l'outillage du peintre. Ici, la nature a d'autres intentions. Supposons qu'on soit en train de peindre un pommier, que la nuit tombe et que l'on arrête de peindre. Le lendemain, on peint une nature morte sur le pommier: a-t-on perdu de vue l'objectif premier? Le troisième jour, on peint un portrait sur la nature morte et ainsi de suite, on peint une chose par-dessus l'autre à l'infini. Si quelqu'un vient demander «Qu'est-ce que tu fais-là?», je répondrais immédiatement «Un...», car c'est ainsi que je procède. Personne ne force le peintre à s'intégrer dans une société dont la doctrine exige ces tableaux mensongers, dans lesquels le bon dessine pour le méchant des exemples de folie politique pour son livre d'images. Si je peins une «table couvre-toi», je mange moi-même tout ce qu'il y a dessus. Ma femme me caresse doucement la tête. Le tableau ne sera jamais fini, chère femme, si le peintre tombe de l'échelle. Le contour blanc embrase un fond noir. Les peintres espagnols sont de bons éclairagistes. L'inventeur du grand projecteur de théâtre, c'est Vélasquez. Je suis parti en courant de sa répétition de théâtre. Une lumière dense à ce point me donne le vertige. Ce fut peut-être une erreur de partir, car cet outillage me manque aujourd'hui. Et c'est avec une corde que je suis réduit à lier la bouillie de couleurs. Les bouts de la corde sont comme des serpents au soleil, la couleuvre noire est couchée sur le tout, sur la nature morte. Sur ce tableau, on dessine avec des traits nets là où c'est important, et là où c'est tout aussi important, la ligne se dissipe, chavire et transparaît dans l'obscurité. Je ne mens pas – je vois à l'instant Marat dans sa baignoire, le tableau de David. A vrai dire, je vois surtout le bras avec la main qui tient la plume, le bras-balancier, l'heure a sonné, les temps nouveaux. Ce bras-là, avec la main, est de Rosso, c'est cette peinture où l'on voit Moïse en colère à l'arrière-plan. Il est impossible que le modèle de Rosso ait encore été en vie à l'époque de David, mais c'est le même bras, donc Rosso et David ne font qu'un. Ce *bras* fait partie de l'outillage. La réincarnation est une absurdité. Les *points verts* et *rouges* des guirlandes du caveau de Priscilla décoré par Renoir font également partie de l'outillage. J'étais à côté de lui et j'ai travaillé sur le pas de danse. Il y avait beaucoup de peintres dans le caveau. La femme au tambourin n'y était pas encore. Les morts ont besoin des plus beaux tableaux, c'est l'histoire de l'art, on pourrait aussi dire que c'est dans l'obscurité que sont les tableaux. Je ne dis ici que des choses positives, laissant de côté toutes choses négatives. Voici l'énumération des différents points: *tous les peintres vivent; la passion peut exister;* l'*hygiène;* la *couleur,* par exemple le *rouge; tout ce qui figure sur les tableaux,* par exemple *rien du tout;* la *ligne,* celle-ci peut venir de l'arrière-plan, du fond de la toile ou la traverser pour transpercer l'œil; l'*ornement,* tressé, peut être *serpent* ou *corde;* le *point,* comme *point* ou comme *tache, tas* en forme de *galette,* vole parfois aussi au-dessus de la toile; la *surface* même, inimaginable tout ce qu'elle peut être; par exemple *cheveu, corps, poitrine* d'un héros, *œil vert* ou encore *sapin de Noël, mer,* si possible sans perspective; le *récit,* ici par exemple le *mythe* du cheval de Troie, pourrait être intéressant; la *musique,* dans le portrait de famille de Rembrandt qui se touve à Brunswick, on joue du violoncelle en jaune foncé; des *chiffres,* le *module,* la *proportion,* non pas l'exemple de l'échelle mais bien plutôt l'esquimau et l'iceberg, le cyclope derrière le rocher; naturellement aussi tout ce que les peintres ont inventé, comme la *cheminée,* la *maison,* la *locomotive,* la *pyramide,* les *pavés,* le *meneau;* et également les choses sans angles comme le *firmament* et la *mer d'étoiles.* Une vie meilleure ou pire n'est pas contenue dans l'outillage. Les illusions sont l'affaire des interprètes. Le plus beau nu de Modigliani n'a pas de peau, pas de chair, pas de dents. On ne peut pas aller jusqu'à dire que les tableaux posséderaient tout cela. Comme on peut s'en rendre compte, dans cette énumération, il manque encore le motif, il n'y figure pas pour la raison suivante: le tableau de David, Marat assassiné dans sa baignoire, est évidemment autant une peinture de caverne qu'une crypte étrusque décorée de fresques. Les peintures sont-elles visibles pour les autres? La grande caverne est sombre, les peintures sont à peine visibles. Les catacombes des Etrusques ou des Egyptiens sont complètement obscures, on n'y distingue rien des représentations. Le peintre a donc peint des images que personne ne voit jamais. D'un autre côté, Renoir a pris soin de ne rien négliger dans le caveau de Priscilla, comme nous pouvons le constater en l'examinant de près, et pourtant il n'était pas sûr que nous le verrions un jour. Pourquoi l'a-t-il fait quand même? C'est le spectateur que le public a inventé, pas les peintres. Ce sont une civilisation et des exigences culturelles différentes qui ont mis au jour cette œuvre. Tous les morts ont vécu un jour. Cette peinture est donc une épitaphe. Le buffle avec les pointes de flèche est ici Marat mort et la petite éponge est sans aucun doute le petit pain de la nature morte, c'est-à-dire la «table couvre-toi». Quand on voit les costumes des personnages, les riches habits, les tapisseries aux murs, l'intérieur de la pièce, la baignoire, on peut dire que David avait un pied dans la Rome antique. C'est cela, la civilisation décalée qui n'évolue pas vers quelque chose de meilleur, mais qui est seulement décalée. Le motif, dans l'esprit de David, c'est la caverne avec ses habitants et leur conviction encore intacte que le buffle et le petit pain nourrissent aussi bien les vivants que les morts. Aucun peintre ne part à la recherche de son motif, ce serait paradoxal car le motif existe dans la tête du peintre, dans ce mécanisme qui pense. Partout, sur chaque représentation, les buffles et les petits pains sont l'expression du motif. Nos instincts nous disent ce qu'il faut en faire. Notre nostalgie a besoin d'images. Voici que l'on frappe à ma porte. C'est un peintre. Je le vois immédiatement aux éclaboussures de peinture sur son pantalon et à ses ongles sales. «Je peux m'asseoir près de vous?» – «Je vous en prie.» – «On discute de …?» – «Pourquoi pas?» Il remarque la cafetière thermos posée entre nous sur la table. «Vous m'offrez un café?» S'il ne reconnaît pas le Parmigianino et ne pense qu'au café dans le thermos, c'est certainement un peintre réaliste et en plus complètement pourri. Il pourrait au moins envisager l'éventualité que la cafetière soit vide. Car entre-temps, elle l'est. Il ne me reste donc plus qu'à lui répondre: «Désolé, ce n'est pas possible, c'est de mon autoportrait que vous voulez que je vous verse du café.» Je ne veux pas non plus le troubler outre mesure en lui expliquant laborieusement qu'il n'y a plus de café dans la cafetière. Sa réponse est parfaitement inattendue: «Vous n'allez pas me faire croire cela. Je vois ce que je sais.» A quoi je réponds: «Vous voulez sans doute trouver le motif dans mon atelier?» C'est un homme qui a le sens pratique, il aime la beauté, il veut se réchauffer avec du café avant d'exposer son programme et de fraterniser avec moi. Quoi qu'il en soit, il répond tout étonné: «Mais il n'y a même pas de modèle pour poser nu ici.» Je sais maintenant qu'il ment parce que pour faire du nu, il lui faudrait un bloc à dessin et qu'il n'en a pas sur lui. Que faire? Je décide de ne rien lui dire sur l'outillage et lui réponds seulement et brièvement: «C'est qu'il n'y a pas eu de sibylle qui soit apparue entre vous et moi.»

Georg Baselitz, Derneburg, le 12. 12. 1985

(Traduction: Bernadette Martial, Munich)

Georg Baselitz: Leben und Werk

1938 Geboren am 23. Januar als Hans-Georg Kern in Deutschbaselitz, Sachsen. Der Vater ist Volksschullehrer, die Familie bewohnt das Schulhaus.

1950 Übersiedlung der Familie in die Kreisstadt Kamenz. Beendet dort die Grundschule und besucht bis 1955 das Gymnasium.

1956 Studium der Malerei an der Hochschule für bildende und angewandte Kunst in Ost-Berlin bei den Professoren Womaka und Behrens-Hangler. Freundschaft mit den Malern Peter Graf und Ralf Winkler (A. R. Penck). Wird nach zwei Semestern wegen »gesellschaftspolitischer Unreife« von der Hochschule verwiesen.

1957 Behält vorerst das Zimmer in Ost-Berlin und setzt das Studium an der Hochschule der bildenden Künste in West-Berlin bei Professor Hann Trier fort. Freundschaft mit dem Maler Eugen Schönebeck und mit Benjamin Katz.

1958 Umzug nach West-Berlin. Lernt seine spätere Frau Elke Kretschmar kennen. Es entstehen die ersten eigenständigen Bilder und Zeichnungen wie: *Rayski – Kopf.*

1959 Trampt nach Amsterdam und besucht auf dem Rückweg die documenta 2 in Kassel. Gibt das Atelier in der Hochschule auf und arbeitet zu Hause.

1960 Beschäftigung mit dem Thema der Anamorphose. Erste Reise nach Paris. Setzt sich mit der Kunst der Geisteskranken (Sammlung Prinzhorn) auseinander.

1961 Nimmt den Künstlernamen Georg Baselitz an. »1. Pandämonium«, Ausstellung und Manifest mit Eugen Schönebeck in Berlin. Meisterschüler von Hann Trier.

1962 »2. Pandämonium«, Manifest mit Eugen Schönebeck. Heirat mit Elke Kret-

Georg Baselitz, 8 Jahre alt.

schmar. Geburt des Sohnes Daniel. Freundschaft mit Michael Werner. Beendigung des Studiums. Malt bis Ende 1963 die *P. D.*-Bilder.

1963 Ausstellung in der Galerie Werner & Katz in Berlin. Von den ausgestellten Bildern werden *Die große Nacht im Eimer* und *Der nackte Mann* von der Staatsanwaltschaft beschlagnahmt. Der Prozeß endet erst 1965 mit der Rückgabe der Bilder. Schreibt als Manifest den Brief: »Lieber Herr W.!«

1964 *Idol*-Bilder. Verbringt das Frühjahr im Schloß Wolfsburg und fertigt in der dort untergebrachten Druckerei seine ersten Radierungen. »1. Orthodoxer Salon (Oberon)«, Ausstellung in der Galerie Michael Werner, Berlin. Beginn der Freundschaft mit Johannes Gachnang. Im Herbst stellt Michael Werner die Radierungen aus.

1965 Verbringt als Stipendiat ein halbes Jahr in der Villa Romana in Florenz. Beschäftigt sich dort mit der Graphik des Manierismus. In Florenz entstehen die *Tierstück*-Bilder. Erste Ausstellung in der Galerie Friedrich & Dahlem in München. Arbeitet nach der Rückkehr in Berlin bis Mitte 1966 an der Folge der *Helden*-Bilder. Unternimmt von nun an jährlich Reisen nach Italien.

1966 »Warum das Bild ›Die großen Freunde‹ ein gutes Bild ist«, Ausstellung und Manifest in der Galerie Rudolf Springer in Berlin. Geburt des Sohnes Anton. Umzug nach Osthofen bei Worms. Erste Holzschnitte entstehen. Arbeitet bis 1969 an den *Fraktur*-Bildern.

1967 Malt das Bild *B für Larry.*

1968 Franz Dahlem engagiert sich für die Malerei von Baselitz und unternimmt Versuche, das Werk im Kunsthandel zu etablieren. Realisiert die großformatigen *Waldarbeiter*-Bilder. Fred Jahn übernimmt die Betreuung der Graphik.

1969 Malt sein erstes Bild, in dem das Motiv auf dem Kopf steht: *Der Wald auf dem Kopf.* Von nun an entstehen ausschließlich Bilder nach dieser Methode. Es folgt eine Gruppe von Portraits seiner Freunde.

1970 Erneute Zusammenarbeit mit Heiner Friedrich und regelmäßige Ausstellungen in dessen Münchener Galerie. Es entstehen zumeist Landschaften, die das »Bild im Bild« zum Thema haben. Dieter Koepplin zeigt im Kunstmuseum Basel die erste Retrospektive des zeichnerischen Werkes. Franz Dahlem präsentiert im Galeriehaus in der Lindenstraße in Köln die erste Ausstellung mit Bildern, deren Motive auf dem Kopf stehen.

1971 Umzug nach Forst an der Weinstraße. Benutzt die alte Schule als Atelier. Beginnt Bilder mit Vogelmotiven zu malen. Ausstellung in der Galerie Tobiès & Silex in Köln.

1972 Werkübersicht der Bilder von 1962–1972 im Kunstverein in Hamburg. Teilnahme an der documenta 5 in Kassel. Mietet als Atelier eine Industriehalle in Musbach an. Führt in seinen Bildern die Fingermalerei ein. Johannes Gachnang stellt über ein Jahr lang im Goethe-Institut/Provisorium in Amsterdam die Gruppe der *Freunde*-Porträts von 1969 aus.
Bis 1973 entstehen Selbstbildnisse, wie: *Fingermalerei – Akt.*

1973 Hans Neuendorf zeigt in seiner Hamburger Galerie *Helden*-Bilder von 1965/66. Malt bis 1975 die sogenannten »Fahnen«, an die Wand gepinnte Leinwandstreifen.

1974 Heiner Friedrich beginnt das Werk des Künstlers regelmäßig in seiner Kölner Galerie auszustellen. Erste Retrospektive des druckgraphischen Werkes im Städtischen Museum Leverkusen, Schloß Morsbroich. Zur Ausstellung erscheint ein erstes Werkverzeichnis der Druckgraphik. Malt bis Ende 1975 vorwiegend Landschaften nach Motiven um Deutschbaselitz. *Akt – Elke*-Bilder.

1975 Übersiedlung nach Derneburg bei Hildesheim. Erste Reise nach New York. Bezieht dort für etwa 14 Tage ein Atelier. Reist von dort aus nach Brasilien zur Teilnahme an der XIII. Biennale von São Paulo. Beendet nach der Rückkehr die beiden *Schlafzimmer*-Bilder.

1976 Johannes Gachnang zeigt eine Werkübersicht in der Kunsthalle Bern. Retrospektive in der Staatsgalerie moderner Kunst in München, begleitet von einem umfangreich bebilderten Katalog. Siegfried Gohr stellt alle Schaffensphasen in der Kunsthalle Köln aus. Es entsteht die Serie der *Elke-Akte*. Im Verlag Rogner & Bernhard erscheint »Die Gesänge des Maldoror« mit 20 Gouachen von Georg Baselitz.

1977 Arbeitet bis 1979 an großformatigen Linolschnitten. Berufung an die Staatliche

Schul- und Elternhaus in Deutschbaselitz.

Akademie der Bildenden Künste in Karlsruhe, wo er 1978 die Professur erhält. Zieht seinen Beitrag zur documenta 6 wegen der Teilnahme von offiziellen Repräsentanten der DDR-Maler zurück. Beginnt Diptychen auf Sperrholztafeln zu malen.

1978 Bis Ende 1980 entstehen vorwiegend in der Technik der Temperamalerei Diptychen (Motivkombination) und mehrteilige Bilder (Motivreihung), sowie großformatige Einzelbilder wie: *Ährenleserin, Trümmerfrau, Adler* und *Der lesende Knabe.* Die Bilder werden abstrakter, skripturale Elemente überwiegen.

1979 Rudi Fuchs zeigt im Van Abbemuseum Eindhoven die Produktion eines Jahres: »Bilder 1977–1978«. Vom März 1979 bis Februar 1980 Arbeit am 18teiligen *Straßenbild.* »Vier Wände und Oberlicht oder besser kein Bild an der Wand«, Vortrag und Mani-

fest anläßlich der Dortmunder Architekturtage zum Thema: »Museumsbauten«. Beginnt an Skulpturen zu arbeiten.

1980 Im deutschen Pavillon der Biennale von Venedig (Kommissar: Klaus Gallwitz), zeigt er als einzige Arbeit die bemalte Holzplastik: *Modell für eine Skulptur.* Es entstehen drei große Diptychen: *Deutsche Schule, Das Atelier* und *Die Familie.* Vorwiegende Zusammenarbeit mit Michael Werner in Köln und Hans Neuendorf in Hamburg. Arbeitet bis 1981 an der *Strandbild*-Serie.

1981 Teilnahme an der Ausstellung »A New Spirit in Painting« in London. Michael Werner zeigt erstmalig in Köln das *Straßenbild.* Malt die *Orangenesser.* Zusätzliches Atelier in Castiglion Fiorentino bei Arezzo. Michael Werner stellt *Die Mädchen von Olmo* und die *Trinker*-Bilder aus. Erste Ausstellung in New York bei Xavier Fourcade.

Von links nach rechts: Markus und Jule Lüpertz, Elke und Georg Baselitz, Michael Werner, Worms, 1968

1982 Ausstellung bei Ileana Sonnabend in New York. Teilnahme an der documenta 7 in Kassel. Realisiert die Bildgruppe *Mann im Bett* für die Ausstellung »Zeitgeist« in Berlin. Ralf Winkler (A.R. Penck) gibt die Zeitschrift »Krater & Wolke Nr. 1« heraus, die Georg Baselitz gewidmet ist. Erneute intensive bildhauerische Arbeit an Figuren und Köpfen.

1983 Es entsteht die große Komposition: *Nachtessen in Dresden.* Arbeitet bis Ende 1984 an Bildern mit christlichen Motiven. Erste Skulpturenausstellung in der Galerie Michael Werner, Köln. Im Musée d'Art Contemporain in Bordeaux zeigt Jean-Louis Froment einen ersten Überblick über das plastische Werk. Teilnahme an der Ausstellung »Expressions«, die durch die USA wandert. Detlev Gretenkort beginnt seine Mitarbeit bei Georg Baselitz. Beendet die zweite große Komposition: *Der Brückechor.* Wechselt als Professor von Karlsruhe an die Hochschule der Künste in Berlin.

1984 Beginnt die Bildserie: *Das Abgarbild.*

Dieter Koepplin organisiert im Kunstmuseum Basel die Retrospektive der Zeichnungen von 1958–1983, die auch in anderen Instituten gezeigt wird. Erste Ausstellung in der Mary Boone/Michael Werner Gallery, New York. Arbeit an den Bildern: *Das Liebespaar.* Sabine Knust übernimmt den Vertrieb der Druckgraphik.

1985 Vollendet die große Komposition: *Die Nacht.* Françoise Woimant zeigt in der Bibliothéque Nationale in Paris die Graphikretrospektive zusammen mit den Skulpturen. Folge der *Mutter und Kind*-Bilder. Ulrich Weisner konzipiert für die Kunsthalle Bielefeld die Ausstellung »Vier Wände«, danach im Kunstmuseum Winterthur. Schreibt das Manifest: »Das Rüstzeug der Maler«.

1986 Malt die beiden *Pastorale*-Bilder, sowie die *Kampfmotive.* Retrospektive Ausstellung in der Galerie Beyeler in Basel. Kaiserringpreisträger der Stadt Goslar. Fertigt die Skulptur: *Gruß aus Oslo.*

1987 Carl Haenlein organisiert eine Werkübersicht der Skulpturen in der Kestner-Gesellschaft, Hannover. Arbeitet für drei Monate an der Applikation: *Anna Selbdritt.* Zusätzliches Atelier in Imperia an der italienischen Riviera. Folge der *Malerbilder.* Vortrag und Manifest in Amsterdam und London: »Das Rüstzeug der Maler«.

1988 Skulptur: *Tragischer Kopf.* Bildfolge: *Das Motiv.* Christos Joachimides organisiert im Palazzo Vecchio in Florenz eine Werksübersicht, die von der Hamburger Kunsthalle übernommen wird. Beendet nach einem Jahr *Das Malerbild.* Aufgabe der Professur an der Hochschule der Künste in Berlin. Arbeitet bis Mitte 1989 an der Folge der *Volkstanz*-Bilder. Es erscheint die erste Monographie, zusammengestellt von Edward Quinn, Text von Andreas Franzke.

1989 Der französische Kulturminister Jack Lang verleiht ihm die Medaille eines »Chevalier de l'Ordre des Arts et des Lettres«. Teilnahme an der »Bilderstreit«-Ausstellung in Köln. Michael Werner zeigt zu diesem Anlaß die Zustandsfolge des großformatigen Holzschnitts *Ciao America.* Schafft das 20-teilige Bild *45.* Danach Arbeit an der monumentalen Skulpturenfolge: *Dresdner Frauen.*

1990 Michael Werner stellt erstmals das Bild *45* in Köln aus. Erste größere Ausstellung in der DDR, im Alten Museum der Staatlichen Museen zu Berlin. Harald Szeemann organisiert die umfangreichste Retrospektive der Bilder im Kunsthaus Zürich, anschließend in der Kunsthalle Düsseldorf. Arnold Glimcher zeigt in der Pace Gallery, New York, die Skulpturengruppe *Dresdner Frauen,* sowie das Bild *45.* Georg Baselitz gibt die Zeitschrift »Krater & Wolke Nr. 7« heraus, die A.R. Penck gewidmet ist. Michael Werner verlegt das Künstlerbuch »Malelade« mit 41 Radierungen von Baselitz.

1991 Georg Baselitz lebt und arbeitet in Derneburg und Imperia.

Georg Baselitz: Life and Work

1938 Born on 23 January as Hans-Georg Kern in Deutschbaselitz, Saxony. His father is a primary school teacher and the family lives in the school house.

1950 The family moves to Kreisstadt Kamenz where Baselitz completes his primary school education and goes to secondary school until 1955.

1956 Studies painting at the Hochschule für bildende und angewandte Kunst in East Berlin under Professor Womaka and Professor Behrens-Hangler. His friends include the artists Peter Graf and Ralf Winkler (A. R. Penck). He is expelled from the college after two terms for »social and political immaturity«.

1957 For the time being he keeps his room in East Berlin and continues his studies at the Hochschule der bildenden Künste in West Berlin under Professor Hann Trier. The painters Eugen Schönebeck and Benjamin Katz are among his friends.

1958 Moves to West Berlin. Meets his future wife Elke Kretschmar. Completes his first original pictures and drawings, including *Rayski-Kopf (Rayski-Head)*.

1959 Hitches to Amsterdam and visits the documenta 2 in Kassel on his return journey. Gives up the studio in the Hochschule and works at home.

1960 Devotes his attention to the subject of anamorphosis. First trip to Paris. Looks into the art of the mentally ill (Prinzhorn Collection).

1961 Adopts the name Georg Baselitz. »1. Pandämonium« exhibition and manifesto together with Eugen Schönebeck in Berlin. Master class under Hann Trier.

1962 »2. Pandämonium« manifesto with Eugen Schönebeck. Marries Elke Kret-

Peter Zinke, Eugen Schönebeck, Georg Baselitz, Berlin 1962.

schmar. Son Daniel is born. Becomes friends with Michael Werner. Completes his studies. Until the end of 1963 paints the *P. D.* pictures.

1963 Exhibition in the Galerie Werner & Katz, Berlin, from which two paintings – *Die große Nacht im Eimer (Big Night Down the Drain)* and *Der nackte Mann (Naked Man)* – are confiscated by the public prosecutor. The consequent court case lasting until 1965 results in the return of the paintings to the artist. Writes as manifesto the letter »Lieber Herr W.!«.

1964 The *Idol* pictures. Spends the spring in Schloss Wolfsburg and produces his first etchings in its printing house. »1. Orthodoxer Salon (Oberon)« exhibition in the Galerie Michael Werner, Berlin. Beginning of his

friendship with Johannes Gachnang. Michael Werner exhibits the etchings in autumn.

1965 Spends six months in the Villa Romana in Florence on a scholarship and studies the graphics of mannerism. The *Tierstück (Animal)* pictures are completed in Florence. First exhibition in the Galerie Friedrich & Dahlem, Munich. On his return to Berlin works on the group of *Helden (Hero)* pictures until the middle of 1966. From now on he is to visit Italy every year.

1966 »Warum das Bild ›Die großen Freunde‹ ein gutes Bild ist« exhibition and manifesto in the Galerie Rudolf Springer, Berlin. Son Anton is born. Moves to Osthofen near Worms. Completes his first woodcuts. Works on the *Fraktur (Fracture)* pictures until 1969.

1967 Paints the picture *B für Larry (B for Larry)*.

1968 Franz Dahlem becomes committed to Baselitz's painting and attempts to get his work established in the art trade. Baselitz produces the large-format *Waldarbeiter (Foresters)* pictures. Fred Jahn takes charge of the graphic art.

1969 Paints the first picture in which the subject is upside down: *Der Wald auf dem Kopf (The Wood on its Head)*. From now on all paintings are carried out by this method. A group of portraits of his friends follows.

1970 Renews collaboration with Heiner Friedrich and exhibits regularly in his Munich gallery. Paints mostly landscapes with the »Bild im Bild« (»Picture within Picture«) as subject matter. Dieter Koepplin shows the first retrospective of the graphic works in the Kunstmuseum Basel. Franz Dahlem presents the first exhibition of upside-down paintings in the Galeriehaus in der Lindenstrasse, Cologne.

Georg Baselitz and Michael Werner at documenta 5, Kassel 1972.
(Photo: Maria Gilissen)

1971 Moves to Forst on the Weinstrasse. Uses the local school as his studio. Starts to paint pictures of birds. Exhibition in the Galerie Tobies & Silex, Cologne.

1972 The Kunstverein in Hamburg shows an exhibition of his works from 1962–1972. Participates in the documenta 5 in Kassel. Rents a factory hall in Musbach to use as a studio. Introduces finger painting into his pictures. Johannes Gachnang exhibits the 1969 group of portraits *Freunde (Friends)* in the Goethe-Institut/Provisorium in Amsterdam for one year. From now until 1973 the self portraits such as *Fingermalerei – Akt (Finger Painting – Nude)* are painted.

1973 Hans Neuendorf shows the *Helden (Hero)* pictures from 1965/66 in his Hamburg gallery. Baselitz paints the so-called »Fah-

nen« (»Flags«), strips of canvas pinned to the wall.

1974 Heiner Friedrich begins to exhibit Baselitz's work on a regular basis in his Cologne gallery. First retrospective of the graphic works in the Städtisches Museum Leverkusen, Schloss Morsbroich. The first catalogue of graphic work is published to coincide with the exhibition. Most of the paintings up to the end of 1975 are landscapes with subjects from around Deutschbaselitz. *Akt – Elke (Nude – Elke)* paintings.

1975 Moves to Derneburg near Hildesheim. First trip to New York where he moves into a studio for about a fortnight. From there travels to Brazil to take part in the XIII São Paulo Biennale. On his return completes the two *Schlafzimmer (Bedroom)* paintings.

1976 Johannes Gachnang shows an exhibition in the Kunsthalle, Bern. Retrospective in the Staatsgalerie moderner Kunst, Munich, accompanied by an extensively illustrated catalogue. Siegfried Gohr shows all creative stages in an exhibition in the Kunsthalle, Cologne. Carries out the series of nudes of Elke. The publishing house Rogner & Bernhard publishes »Die Gesänge des Maldoror« containing 20 gouaches by Georg Baselitz.

1977 Until 1979 works on large-format linocuts. Appointment at the Staatliche Akademie der Bildenden Künste in Karlsruhe where he receives a professorship in 1978. Withdraws his contribution to the documenta 6 due to participation by official representatives of GDR painters. Begins painting diptychs on plywood.

1978 Up to the end of 1980 the pictures are mainly diptychs painted in tempera (combination of subjects) and pictures with several parts (series of subjects) as well as large-format individual works such as *Die Ährenleserin (The Corn Gleaner)*, *Trümmerfrau (Woman Clearing Away the Rubble)*, *Adler (Eagle)* and *Der lesende Knabe (Boy Reading)*. The pictures become more abstract, scriptural elements prevail.

1979 In the Van Abbemuseum Eindhoven Rudi Fuchs shows the work of one year: »Bilder 1977–1978« (»Pictures 1977–1978«). From March 1979 until February 1980 works on the 18-part *Strassenbild (Street Scene)*. »Vier Wände und Oberlicht oder besser kein Bild an der Wand« lecture and manifesto on the occasion of the Dortmunder Architekturtage (architecture convention) on the theme: »Museumsbauten«. Begins working on sculptures.

1980 In the German Pavilion at the Venice Biennale commissioner Klaus Gallwitz shows only one work, the painted wood sculpture *Modell für eine Skulptur (Model* for a *Sculpture)*. Three large diptychs are painted: *Deutsche Schule (German School)*, *Das Atelier (The Studio)* and *Die Familie (The Family)*. Collaborates chiefly with Michael Werner in Cologne and Hans Neuendorf in Hamburg. Until 1981 works on the *Strandbild (Beach Scene)* series.

1981 Participates in the exhibition »A New Spirit in Painting« in London. First exhibition of *Strassenbild (Street Scene)* by Michael Werner in Cologne. Paints the *Orangenesser (Orange Eater)*. Additional studio in Castiglion Fiorentino near Arezzo. In Cologne Michael Werner exhibits *Die Mädchen von Olmo (The Girls of Olmo)* and *Trinker (Drinker)*. First exhibition in New York at Xavier Fourcade.

1982 Exhibition at Ileana Sonnabend in New York. Participation in the documenta 7 in Kassel. Produces the group of pictures *Mann im Bett (Man in Bed)* for the »Zeitgeist« exhibition in Berlin. Ralf Winkler (A. R. Penck) publishes the magazine »Krater & Wolke Nr. 1« dedicated to Georg Baselitz. Renews intensive work on sculptures of figures and heads.

1983 Paints the large composition *Nachtessen in Dresden (Dinner in Dresden)*. Works on pictures with Christian subjects until the end of 1984. First exhibition of sculpture in the Galerie Michael Werner, Cologne. First showing of the sculptures by Jean-Louis Froment in the Musée d'Art Contemporain, Bordeaux. Participates in the exhibition »Expressions« in the Saint Louis Art Museum which then travels throughout the USA. Detlev Gretenkort begins working with Baselitz. Completes the second large composition *Die Brückechor (Die Brücke Choir)*. Moves his professorial chair from Karlsruhe to the Hochschule der Künste in Berlin.

1984 Begins the series *Das Abgarbild (The Abgar Picture)*. Dieter Koepplin organizes the retrospective of drawings from

Georg Baselitz, Derneburg 1983.
(Photo: Daniel Blau)

1958–1983 in the Kunstmuseum Basel, which is also exhibited in other institutions. First exhibition in the Mary Boone/Michael Werner Gallery, New York. Sabine Knust takes over sales of the graphic works.

1985 Completes the large composition *Die Nacht (The Night)*. Françoise Woimant shows the graphic retrospective together with the sculptures in the Bibliothéque Nationale, Paris. Group of *Mutter und Kind (Mother and Child)* pictures. Ulrich Weisner designs the exhibition »Vier Wände« for the Kunsthalle Bielefeld, which can then be seen in the Kunstmuseum Winterthur. Writes the manifesto »Das Rüstzeug der Maler«.

1986 Paints both *Pastorale (Pastoral)* pictures as well as the *Kampfmotive (Fight Motifs)*. Retrospective at the Galerie Beyeler, Basel. Wins the Kaiserring Prize from the town of Goslar. Completes the sculpture *Gruß aus Oslo (Greetings from Oslo)*.

1987 Carl Haenlein organizes a show of the sculptures in the Kestner-Gesellschaft, Hannover. Spends three months working on the appliqué *Anna selbdritt*. Additional studio in

Imperia on the Italian Riviera. Series of *Malerbilder (Painter's Pictures)*. Lecture and manifesto in Amsterdam and London on »Das Rüstzeug der Maler«.

1988 Sculpture *Tragischer Kopf (Tragic Head)*. Group of pictures *Das Motiv (The Motif)*. Christos Joachimides organizes a show in the Palazzo Vecchio, Florence, which is then taken over by the Kunsthalle, Hamburg. After one year finishes *Das Malerbild (The Painter's Picture)*. Gives up his professorship at the Hochschule der Künste in Berlin. Until the middle of 1989 works on the *Volkstanz (Folk Dance)* group of pictures. Publication of the first monography, compiled by Edward Quinn with a text by Andreas Franzke.

1989 The French Arts Minister Jack Lang confers upon him the medal of »Chevalier dans l'Ordre des Arts et des Lettres«. Participates in the »Bilderstreit« exhibition in Cologne. Michael Werner takes this opportunity of exhibiting the various stages of the large-format woodcut *Ciao America*. Creates the 20-part picture *45*. After this spends a year working on the monumental group of sculptures *Dresdner Frauen (The Women of Dresden)*.

1990 First showing of the work *45* by Michael Werner in Cologne. First large exhibition in the GDR in the Altes Museum der Staatlichen Museen, Berlin. Harald Szeemann organizes the most extensive retrospective of the pictures in the Kunsthaus Zürich, then in the Kunsthalle, Düsseldorf. Arnold Glimcher exhibits the *Dresdner Frauen (The Women of Dresden)* group of sculptures and the painting *45* in the Pace Gallery, New York. Georg Baselitz publishes the magazine »Krater & Wolke Nr. 7« dedicated to A. R. Penck. Michael Werner publishes the book »Malelade« containing 41 etchings by Georg Baselitz.

1991 Georg Baselitz lives and works in Derneburg and Imperia.

Georg Baselitz: Vie et œuvre

1938 Hans-Georg Kern naît le 23 janvier à Deutschbaselitz, Saxe. Son père est instituteur, la famille habite à l'école.

1950 La famille s'installe à Kamenz, le chef-lieu du »kreis«. Y termine l'école primaire élémentaire et va au lycée jusqu'en 1955.

1956 Etudie la peinture à l'Ecole Supérieure des Beaux-Arts de Berlin-Est auprès du professeur Womaka et du professeur Behrens-Hangler. Lie amitié avec les peintres Peter Graf et Ralf Winkler (A. R. Penck). Est renvoyé de l'Ecole Supérieure au bout de deux semestres pour »manque de maturité socio-politique«.

1957 Conserve d'abord sa chambre à Berlin-Est et poursuit ses études à l'Ecole Supérieure des Beaux-Arts de Berlin-Ouest dans la classe de Hann Trier. Lie amitié avec le peintre Eugen Schönebeck et Benjamin Katz.

1958 S'installe à Berlin-Ouest. Fait la connaissance de sa future femme Elke Kretschmar. Réalise ses premiers tableaux autonomes tels que *Tête de Rayski*.

1959 Se rend à Amsterdam en auto-stop et visite au retour la documenta 2 à Kassel. Abandonne son atelier à l'université et travaille chez lui.

1960 S'occupe du thème de l'anamorphose. Premier voyage à Paris. Etudie l'art des malades mentaux (collection Prinzhorn).

1961 Adopte le pseudonyme de Georg Baselitz. «Premier Pandémonium», exposition et manifeste avec Eugen Schönebeck. Elève de Hann Trier.

1962 «Deuxième Pandémonium», manifeste avec Eugen Schönebeck. Epouse Elke Kretschmar. Naissance de son fils Daniel. Lie amitié avec Michael Werner. Termine ses études. Peint jusqu'à la fin de l'année 1963 les tableaux *P. D.*

Georg Baselitz, 1962.

1963 Expose dans la galerie Werner & Katz à Berlin. Parmi les tableaux exposés, *La grande nuit dans le seau* et *l'Homme nu* sont saisis par le parquet. Le procès intenté ne se termine qu'en 1965 avec la restitution des toiles. Ecrit la lettre-manifeste «Cher Monsieur W.!»

1964 *Idoles*. Passe le printemps dans le Schloß Wolfsburg; y réalise ses premières eaux-fortes. «Premier salon orthodoxe (Oberon)», expose dans la galerie Michael Werner à Berlin. A l'automne, Michael Werner expose les eaux-fortes. Début de son amitié avec Johannes Gachnang.

1965 Passe six mois dans la Villa Romana à Florence en tant que boursier. Etudie l'art graphique du maniérisme. Réalise à Florence les tableaux d'*Animaux*. Première exposition dans la galerie Friedrich & Dahlem à Munich. A partir de son retour à Berlin jus-

qu'au milieu de l'année 1966 travaille à la série des *Héros*. A partir de là, se rend chaque année en Italie.

1966 «Warum das Bild ‹Die großen Freunde› ein gutes Bild ist» («Pourquoi le tableau ‹Les grands Amis› est un bon tableau»), exposition et manifeste dans la galerie Rudolf Springer à Berlin. Naissance de son fils Anton. S'installe à Osthofen, près de Worms.
Premières gravures sur bois. Travaille jusqu'en 1969 aux tableaux – *Fractures*.

1967 Peint le tableau *B pour Larry*.

1968 Franz Dahlem s'engage en faveur de la peinture de Baselitz et tente d'établir son œuvre dans le commerce d'objets d'art. Réalise la série de grand format des *Travailleurs forestiers*. Fred Jahn s'occupe de l'art graphique.

1969 Peint son premier tableau où le motif est renversé: *La Forêt à l'envers*. A partir de là, crée exclusivement des tableaux d'après cette méthode. Il s'ensuit un groupe de portraits de ses amis.

1970 Nouvelle collaboration avec Heiner Friedrich et expositions régulières dans sa galerie à Munich. Crée la plupart du temps des paysages ayant pour thème le «tableau dans le tableau». Dieter Koepplin montre au Kunstmuseum de Bâle la première rétrospective de l'œuvre graphique. Franz Dahlem présente dans sa galerie de la Lindenstraße à Cologne la première exposition de tableaux aux motifs renversés.

1971 S'installe à Forst an der Weinstraße. L'ancienne école lui sert d'atelier. Commence à peindre des toiles d'après des motifs d'oiseaux. Expose dans la galerie Tobiès & Silex à Cologne.

1972 Exposition des tableaux de 1962–

1972 au Kunstverein à Hambourg. Participation à la documenta 5 à Kassel. Loue un grand hall industriel comme atelier à Musbach. Introduit dans ses toiles la peinture avec les doigts. Johannes Gachnang expose pendant un an à l'Institut Goethe provisoire à Amsterdam le groupe des *Portraits d'amis* de 1969. Crée jusqu'en 1973 des autoportraits, entre autres *Peinture avec les doigts – Nu.*

1973 Hans Neuendorf montre dans sa galerie à Hambourg les *Héros* de 1965/66. Peint jusqu'en 1975 les dits «drapeaux», bandes de toile clouées au mur.

1974 Heiner Friedrich commence à exposer régulièrement l'œuvre de l'artiste dans sa galerie à Cologne. Première rétrospective de l'œuvre graphique au Städtisches Museum de Leverkusen, Schloß Morsbroich. Un premier catalogue raisonné de l'œuvre graphique paraît pour l'exposition. Peint jusqu'à la fin de l'année 1975 surtout des paysages d'après des motifs des environs de Deutschbaselitz, des *Nus d'Elke.*

1975 S'établit à Derneburg, près de Hildesheim. Premier voyage à New York. S'y installe dans un atelier pendant quinze jours. De là, se rend au Brésil pour participer à la XIIIe Biennale de São Paulo. Termine à son retour les deux *Chambres à coucher.*

1976 Johannes Gachnang montre une rétrospective de l'œuvre à la Kunsthalle de Berne. Rétrospective à la Staatsgalerie moderner Kunst à Munich avec un catalogue richement illustré. Siegfried Gohr expose toutes les phases de la création à la Kunsthalle de Cologne. Réalise la série de *Nus d'Elke.* L'éditeur Rogner & Bernhard publie «Les chants de Maldoror» avec 20 gouaches de Baselitz.

1977 Travaille jusqu'en 1979 à de grandes linogravures. Nommé aux Beaux-Arts de Karlsruhe où il devient professeur en 1978.

Georg Baselitz, Berlin 1966.

Retire sa contribution à la documenta 6 à cause de la participation de représentants officiels des peintres de la RDA. Commence à peindre des diptyques sur des plaques de contre-plaqué.

1978 Crée jusqu'à la fin de l'année 1980, surtout dans la technique de la détrempe, des diptyques (combinaison de motifs) et des tableaux en plusieurs parties (succession de motifs), ainsi que des tableaux individuels de grand format tels que *Glaneuse, Femme enlevant des décombres, Aigle* et *Garçon en train de lire.* Les toiles deviennent plus abstraites, les éléments scripturaux sont prépondérants.

1979 Rudi Fuchs montre au Van Abbemuseum à Eindhoven la production d'une année: «Bilder 1977/78». Travaille de mars 1979 à février 1980 à la *Scène de rue* en 18 parties. «Vier Wände und Oberlicht oder besser kein Bild an der Wand», conférence et manifeste à l'occasion des jours d'architecture de Dortmund sur le thème «Bâtiments de musée». Commence à faire des sculptures.

1980 Montre dans le pavillon allemand de la Biennale de Venise (commissaire Klaus Gallwitz) la statue en bois peint *Modèle de sculpture.* Réalise trois grands diptyques: *Ecole allemande, l'Atelier* et *La Famille.* Collabore surtout avec Michael Werner à Cologne et Hans Neuendorf à Hambourg. Travaille à la série des *Scènes de plage.*

De gauche à droite: Markus Lüpertz, Blinky Palermo, Franz Dahlem, Georg Baselitz, 1968.

1981 Participe à l'exposition «A New Spirit in Painting» à Londres. Michael Werner montre la *Scène de rue* pour la première fois à Cologne. Peint les *Mangeurs d'oranges*. Atelier supplémentaire à Castiglion Fiorentino près d'Arezzo. Michael Werner expose à Cologne *Les Filles d'Olmo* et les *Buveurs*. Première exposition à New York chez Xavier Fourcade.

1982 Expose chez Ileana Sonnabend à New York. Participe à la documenta 7 à Kassel. Réalise la série *Homme au lit* pour l'exposition «Zeitgeist» à Berlin. Ralf Winkler (A. R. Penck) publie la revue «Krater & Wolke N° 1» dédiée à Georg Baselitz. Sculpte de nouveau intensément des figures et des têtes.

1983 Réalise la grande composition *Dîner à Dresde*. Travaille jusqu'à la fin de l'année 1984 à des tableaux aux motifs chrétiens. Première exposition de sculptures à la galerie Michael Werner à Cologne. Au Musée d'Art Contemporain de Bordeaux, Jean-Louis Froment montre une première exposition de l'œuvre plastique. Participe à l'exposition «Expressions», qui voyage aux Etats-Unis à partir du Saint Louis Art Museum. Detlev Gretenkort commence à collaborer

avec Georg Baselitz. Termine la deuxième grande composition *Le Chœur du pont*. Quitte la chaire de professeur de Karlsruhe pour celle des Beaux-Arts de Berlin.

1984 Commence la série *Le Tableau d'Abgar*. Dieter Koepplin organise au Kunstmuseum de Bâle la rétrospective des dessins de 1958–1983, qui est également montrée dans d'autres instituts. Première exposition à la galerie Mary Boone/Michael Werner à New York. Travaille à la série *Les amants*. Sabine Knust se charge de la vente de l'œuvre graphique.

1985 Termine la grande composition *La Nuit*. Françoise Woimant montre à la Bibliothèque Nationale à Paris la rétrospective graphique et les sculptures. Série de tableaux *Mère et enfant*. Ulrich Weisner conçoit pour la Kunsthalle de Bielefeld l'exposition «Vier Wände» (quatre murs) que l'on peut voir par la suite au Kunstmuseum de Winterthur. Ecrit le manifeste «Das Rüstzeug der Maler» (L'outillage des peintres).

1986 Peint les deux *Pastorales* ainsi que les *Motifs de combat*. Exposition rétrospective à la galerie Beyeler à Bâle. Réalise la sculpture *Salut d'Oslo*.

1987 Carl Haenlein organise une exposition des sculptures à la Kestner-Gesellschaft de Hanovre. Travaille pendant trois mois à l'application *Anna Selbdritt*. Atelier supplémentaire à Imperia sur la riviera italienne. Série des *Portraits de peintres*. Conférence et manifeste à Amsterdam et à Londres: «Das Rüstzeug der Maler». (L'outillage des peintres).

1988 Sculpture *Tête tragique*. Série de tableaux *Le Motif*. Christos Joachimides organise au Palazzo Vecchio à Florence une rétrospective de l'œuvre dont s'occupe la Kunsthalle de Hambourg. Abandonne sa chaire de professeur aux Beaux-Arts de Berlin. Travaille jusqu'au milieu de l'année 1989 à la série *Danse populaire*. Parution de la première monographie composée par Edward Quinn, texte d'Andreas Franzke.

1989 Le Ministre français de la Culture Jack Lang lui remet la médaille de Chevalier de l'Ordre des Arts et des Lettres. Participe à l'exposition «Bilderstreit» à Cologne. Michael Werner lui montre à cette occasion la série d'état de la grande gravure sur bois *Ciao America*. Réalise le tableau en vingt parties: *45*. Travaille ensuite pendant une année au monumental groupe de sculptures *Femmes de Dresde*.

1990 Michael Werner expose pour la première fois le tableau *45* à Cologne. Première grande exposition en RDA, Altes Museum der Staatlichen Museen, Berlin. Harald Szeemann organise la plus grande rétrospective des tableaux dans le Kunsthaus de Zurich, puis dans la Kunsthalle de Düsseldorf. Arnold Glimcher montre à la Pace Gallery, New York, le groupe de sculptures *Femmes de Dresde* ainsi que le tableau *45*. Georg Baselitz publie la revue «Krater & Wolke N° 7» dédiée à A. R. Penck. Michael Werner publie l'original «Malelade» qui comprend 41 eaux-fortes de Georg Baselitz.

1991 Georg Baselitz vit et travaille à Derneburg et Imperia.

Bibliographie / Bibliography

Eigene Schriften
Own Writings / Ecrits personnels

Die * verweisen auf die Bücher, aus denen
Franz Dahlem in seinem Text »Ein imaginä-
res Gespräch zwischen Baselitz, Dahlem und
Pickshaus« zitiert.

The * indicate the books from which Franz
Dahlem quotes in his text »An Imaginary
Conversation between Baselitz, Dahlem and
Pickshaus«.

Des * indiquent les livres qui ont servi de
sources à Franz Dahlem pour son texte «Un
entretien imaginaire entre Baselitz, Dahlem
et Pickshaus».

* Baselitz, Georg: »Die Dichter heben noch
immer die Hände.«, Pandämonisches Manifest I, 1. Version, Manifest und Plakat mit Eugen Schönebeck, Berlin im Oktober 1961.
Neubearbeiteter Wiederabdruck in:/Rewor-
ked and reprinted in:/Réédition remaniée
dans: Georg Baselitz: Der Weg der Erfindung – Zeichnungen, Bilder, Skulpturen,
Städtische Galerie im Städelschen Kunstinstitut, Frankfurt 1988.

Baselitz, Georg: »Im Rinnstein lagen die
Dichter...«, Pändamonisches Manifest I,
2. Version, Manifest und Plakat mit Eugen-
Schönebeck (Text: Baselitz), Berlin 1961.
Neubearbeiteter Wiederabdruck in:/Rewor-
ked and reprinted in:/Réédition remaniée
dans: Georg Baselitz: Der Weg der Erfindung – Zeichnungen, Bilder, Skulpturen.
Städtische Galerie im Städelschen Kunstinstitut, Frankfurt 1988.

Baselitz, Georg: »Vorruf zum Pandämonium«, Pandämonisches Manifest II, Manifest und Plakat mit Eugen Schönebeck, Berlin, Frühling 1962.
Neubearbeiteter Wiederabdruck in:/Rewor-
ked and reprinted in:/Réédition remaniée

dans: Georg Baselitz: Der Weg der Erfindung – Zeichnungen, Bilder, Skulpturen,
Städtische Galerie im Städelschen Kunstinstitut, Frankfurt 1988.

* Baselitz, Georg: Lieber Herr W., Manifest
und Brief, Berlin, 8. August 1963, in: Die
Schastrommel, Nr. 6, Bolzano, März 1972.

* Baselitz, Georg: Warum das Bild »Die großen Freunde« ein gutes Bild ist, Manifest
und Plakat, Galerie Springer Berlin, 1966.

* Baselitz, Georg: Vier Wände und Oberlicht,
Manifest und Vortrag anläßlich der Dortmunder Architekturtage zum Thema »Museumsbauten«. Dortmund, 26. April 1979, in:
Neue Heimat – Monatshefte für neuzeitli-
chen Wohnungs- und Städtebau, Heft 8/79,
26. Jahrgang. S. 30–31.

* Baselitz, Georg: Das Rüstzeug der Maler,
vom 12. Dezember 1985, Manifest, Vortrag
und Plakat: Rijksakademie van beeldende
Kunsten, Amsterdam, 1. Oktober 1987;
Royal Academy of Arts, London, 1 December
1987.
Faksimile der Urschrift in: ›Georg Baselitz:
Neue Arbeiten‹, Michael Werner in Köln
1987; Facsimile of the original in: The Bur-
lington Magazine, Vol. CXXX, No. 1021, April
1988, p. 283–286 (engl.); in: Georg Baselitz:
Das Motiv – Bilder und Zeichnungen
1987–1988, Kunsthalle Bremen, 1988.

Baselitz, Georg: Selbstgespräch, April 1989,
in: DU, Heft Nr. 7, Juli 1989, p. 42–62.

Künstlerbücher/Artists' books/Originaux

Comte de Lautréamont (Isidore Ducasse) Die
Gesänge des Maldoror, 20 reproduzierten
Zeichnungen von G. Baselitz. Sowie dem
1. und 2. Pandämonium als Supplement,
Rogner & Bernhard, München 1976.

Georg Baselitz: *Zeichnungen zum Straßenbild,* 38 faksimilierte Zeichnungen von 1981, Text H. Heere, Michael Werner Köln 1982.

Georg Baselitz: *Sächsische Motive,* 54 faksimilierte Zeichnungen von 1971/75, daadgalerie und Rainer Verlag, Berlin 1985.

Georg Baselitz: *La sedia di Paolo,* 18 faksimilierte Zeichnungen vom 24. März 1988, Salone Villa Romana, Firenze 1988.

Georg Baselitz: *Malelade,* 41 Radierungen, Michael Werner, Köln/New York 1990.

Samuel Beckett: *Bing,* 24 Radierungen von Georg Baselitz, Michael Werner, Köln/New York 1990.

Werkverzeichnisse und Monographien
Catalogue of Works and Monographies
Catalogues raisonnés et monographies

Jahn, Fred: *Baselitz, peintre-graveur. Bd. 1,* Werkverzeichnis der Druckgrafik 1963–1974, Verlag Gachnang & Springer, Bern-Berlin 1983.

Jahn, Fred: *Baselitz, peintre-graveur. Bd. II,* Werkverzeichnis der Druckgrafik 1974–1982, Gachnang & Springer, Bern-Berlin 1987.

Franzke, Andreas: *Georg Baselitz,* Ediciones Polígrafa, S. A., Barcelona 1988; deutsche und englische Ausgabe: Prestel-Verlag, München 1988; édition française: Cercle d'Art, Paris 1988.

* Schwerfel, Heinz Peter: *Georg Baselitz im Gespräch mit Heinz Peter Schwerfel,* Kunst Heute Nr. 2, Verlag Kiepenheuer & Witsch, Köln 1989.

Waldman, Diane/Maurer, Emil/Gohr, Siegfried/*Georg Baselitz: Pastelle 1985–1990* (deutsch/english), Verlag Gachnang & Springer, Bern-Berlin 1990.

Einzelausstellungskataloge (Auswahl)
Catalogues of Exhibitions (selected)
Catalogues d'expositions individuelles (choisis)

1963
Georg Baselitz, Vorwort H. Read, Texte: M. G. Buttig, E. Roditi; Galerie Werner & Katz, Berlin 1963.

1965
Baselitz: Ölbilder und Zeichnungen, Galerie Friedrich & Dahlem, München 1965.

1970
Georg Baselitz: Zeichnungen, Texte: D. Koepplin, G. Baselitz; Kunstmuseum Basel, 1970.
George Baselitz: Tekeningen en Schilderijen, Voorwoord D. Koepplin; Wide White Space Gallery, Antwerpen 1970.

1971
Georg Baselitz: Bilder 1962–1970, Galerie Tobies & Silex, Köln 1971.

1972
Georg Baselitz: Gemälde und Zeichnungen, Text H. Fuchs; Kunsthalle Mannheim, 1972.
Georg Baselitz, Text G. Gercken; Kunstverein in Hamburg, 1972; Galerie Rudolf Zwirner und Heiner Friedrich (2. Auflage), Köln 1972.
Georg Baselitz: Zeichnungen und Radierungen 1960–1970, Text H. Pée, Staatliche Graphische Sammlungen, München 1972.

1973
Georg Baselitz: Ein neuer Typ – Bilder 1965/66, Text G. Gercken; Galerie Neuendorf, Hamburg 1973.

1974
Georg Baselitz: Radierungen 1963–1974, Holzschnitte 1966–1967, Vorwort R. Wedewer, Texte: F. Jahn, M. Eliade; Städtisches Museum Leverkusen, Schloß Morsbroich, 1974.

1975
Georg Baselitz, mit einem Gespräch zwischen E. Weiss und G. Baselitz am 22. 6. 1975, XIII. Bienal de São Paulo 1975, República Federal da Alemanha, Bonner Kunstverein, Bonn 1975.

1976
Baselitz: Malerei, Handzeichnungen, Druckgraphik, Vorwort J. Gachnang, Text Th. Kneubühler; Kunsthalle Bern, 1976.
Georg Baselitz, Texte: C. Schulz-Hoffmann, G. Gercken, J. Gachnang; Galerieverein München e. V. und Staatsgalerie moderner Kunst, München 1976.
Georg Baselitz: Gemälde, Handzeichnungen und Druckgraphik, Vorwort H. Keller, Texte: S. Gohr, D. Koepplin, F. Dahlem; Kunsthalle Köln, 1976.

1979
Georg Baselitz: Bilder 1977/1978, Text R. H. Fuchs; Van Abbemuseum, Eindhoven 1979.
Georg Baselitz: 32 Linolschnitte aus den Jahren 1976 bis 1979, Texte: S. Gohr, F. Jahn; Josef-Haubrich-Kunsthalle, Köln 1979.

1980
Georg Baselitz, Texte: J. Gachnang; Th. Kneubühler, K. Gallwitz; Biennale di Venezia, 1980.
Georg Baselitz/Gerhard Richter, Text J. Harten; Kunsthalle Düsseldorf, 1981.
* *Georg Baselitz,* Vorwort J. Schilling, Texte: G. Baselitz, G. Gercken, M. G. Buttig, A. Kosegarten, D. Koepplin, H. Pée, H. Fuchs, A. R. Penck, E. Weiss, J. Gachnang, Th. Kneubühler, S. Gohr, F. Dahlem, C. Schulz-Hoffmann, R. H. Fuchs, K. Gallwitz, P. Kirkeby; Kunstverein Braunschweig, 1981.

1982
Baselitz, Text R. Calvocoressi; Waddington Galleries, London 1982.
Ruins – Strategies of destruction in the fracture paintings of Georg Baselitz, 1966–69, Text R. Jablonka; Anthony d'Offay, London 1982.

1983

Georg Baselitz: Holzplastiken. Texte: A. Franzke, R. H. Fuchs, S. Gohr; Michael Werner in Köln, 1983.
Baselitz: Sculptures, Préface J.-L. Froment, avec un entretien entre J.-L. Froment/J.-M. Poinsot et G. Baselitz, capc/Musée d'Art Contemporain de Bordeaux, 1983.
Georg Baselitz: 6 paintings 1965–1969, 4 paintings 1982–1983, Xavier Fourcade, New York 1983.
Baselitz: Paintings 1960–83, Preface N. Serota, Texts: R. Calvocoressi, G. Baselitz; The Whitechapel Art Gallery, London 1983.
Georg Baselitz: Zeichnungen 1961–1983, Text: G. Gercken und Brief von F. Dahlem; Galerie Neuendorf, Hamburg 1983.

1984

Georg Baselitz: Schilderijen Paintings 1960–83. Texts: F. de Wilde, N. Serota, R. Calvocoressi, G. Baselitz; Stedelijk Museum, Amsterdam 1984.
Georg Baselitz: Zeichnungen 1958–1983, Kunstmuseum Basel, Van Abbemuseum Eindhoven; Vorwort D. Koepplin, Texte: R. H. Fuchs, D. Koepplin; Kunstmuseum Basel, 1984.
Georg Baselitz, Texts: N. Rosenthal/K. Kertess; Mary Boone/Michael Werner Gallery, New York 1984.
Georg Baselitz: Druckgraphik/Prints/Estampes 1963–1983, ed. S. Gohr, Vorworte: D. Kuhrmann, S. Gohr, Text: S. Gohr (dt., franz., engl.); Prestel-Verlag, München 1984.
Baselitz, Text N. Rosenthal; Waddington Galleries, London 1984.
Georg Baselitz, Preface L. Rombout, J.-A. Birnie Danzker, Texts: J.-A. Birnie Danzker, G. Baselitz; Vancouver Art Gallery, Vancouver 1984.
Georg Baselitz: Zehn Bilder, Text H. Zaloscer (Auszug), ›Legende des Abgarbildes‹; Michael Werner in Köln, 1984.

1985

Georg Baselitz: Sculptures et Gravures Monumentales, Préface F. Woimant, extraits d'un entretien entre R. M. Mason et G. Baselitz, ainsi que des extraits d'un entretien entre J.-L. Froment, J.-M. Poinsot et G. Baselitz, Bibliothèque Nationale, Paris 1985.

1985

* *Georg Baselitz: Vier Wände,* Text U. Weisner: »Wechselbeziehung im Prozeß der Kunst« – Nach einem Gespräch mit Georg Baselitz; Kunsthalle Bielefeld, 1985.

1986

Georg Baselitz, Text F. Meyer; Galerie Beyeler, Basel 1986.
Georg Baselitz: Bäume, Texte: E. Köb, O. Rychlik, H. Hrachovec, mit einem Gespräch zwischen H. Geldzahler und G. Baselitz, Wiener Secession, Wien 1986.

1987

* *Georg Baselitz: Skulpturen und Zeichnungen, 1979–1987,* Hrsg. C. Haenlein, Texte: C. Haenlein, A. M. Hammacher, St. Barron, A. Franzke, E. Darrago, sowie Auszug aus einem Gespräch zwischen J.-L. Froment/J.-M. Poinsot und G. Baselitz; Kestner-Gesellschaft, Hannover 1987.
Georg Baselitz: Pastorale, Texte: S. Gohr, R. H. Fuchs, R. Guidieri, A. M. Fischer; Museum Ludwig, Köln 1987.
Georg Baselitz, Text T. Fairbrother; Mary Boone/Michael Werner Gallery, New York 1987.
Georg Baselitz: Sculpture & Early Woodcuts, Preface A. d'Offay, exerpt from a conversation between J.-L. Froment, J. M. Poinsot and G. Baselitz, Text G. Baselitz; Anthony d'Offay Gallery, London 1987.

1988

Georg Baselitz: Adler, Text G. Gercken; Neuendorf/Buchmann, Frankfurt 1988.
Georg Baselitz: Dipinti 1965–1987, ed. Ch. M. Joachimides, Vorwort G. Morales, Texte: S. Salvi, Ch. M. Joachimides, W. Schmied, D. Davvetas; Electa, Milano 1988.
Georg Baselitz: Der Weg der Erfindung-Zeichnungen, Bilder, Skulpturen, Texte: K. Gallwitz, G. Baselitz/E. Schönebeck, U. Grzechca-Mohr, K. Heymer; Städtische Galerie im Städelschen Kunstinstitut, Frankfurt 1988.
Georg Baselitz: Das Motiv – Bilder und Zeichnungen 1987–1988, Vorworte R. Blaum, S. Salzmann, Texte: S. Salzmann, A. Meyer zu Eissen, G. Baselitz: Kunsthalle Bremen, 1988.
Georg Baselitz: Graphik 1988, Maximilian Verlag – Sabine Knust, München 1988.

1989

Georg Baselitz: Zeichnungen und druckgraphische Werke, Text D. Koepplin; Kunstmuseum Basel, 1989.
Georg Baselitz: Druckgraphik 1963–1988, Texte: G. Reinhardt, G. Baselitz; Museum Morsbroich Leverkusen, 1989.
Georg Baselitz: Holzschnitt 1966–1989, Text U. Weisner, Edition Cantz, Stuttgart 1989.

1990

Georg Baselitz, Texte: A. Mari, R. H. Fuchs, K. Heymer, K. Power; Fundació Caixa de Pensions, Barcelona.
Georg Baselitz: Hero Paintings, Text G. Gercken; Michael Werner, New York 1990.
Georg Baselitz: Bilder aus Berliner Privatbesitz, Texte: W. Schade, M. G. Buttig, A. R. Penck, C. Schulz-Hoffmann, P. Kirkeby, W. Schmied, R. H. Fuchs, G. Baselitz: Staatliche Museen zu Berlin, Nationalgalerie, Altes Museum, Berlin 1990.
Recent paintings by Georg Baselitz, Texts: G. Baselitz und N. Rosenthal; Anthony d'Offay Gallery, London 1990.
Georg Baselitz, Texte: H. Szeemann, R. H. Fuchs, K. Power, M. Tournier, M. Diacono, J. Caldwell, Ch. Klemm, F. Meyer, G. Baselitz; Kunsthaus Zürich; Städtische Kunsthalle Düsseldorf, Zürich 1990.
Georg Baselitz: The Woman of Dresden/45, Text T. McEvilley; The Pace Gallery, New York 1990

Ausstellungen / Exhibitions / Expositions

Galerie Springer, Berlin
Xavier Fourcade, Inc., New York
Young Hoffman Gallery, Chicago
Galerie Nächst St. Stephan, Wien
Kunstverein, Göttingen

1983
Galerie Michael Werner, Köln (Skulpturen)
capc, Musée d'Art Contemporain de
Bordeaux (Scultpures)
Galerie Albert Baronian, Brüssel
Galerie Springer, Berlin
Galerie am Markt, Schwäbisch Hall
Galerie Gillespie-Laage-Salomon, Paris
Xavier Fourcade, Inc., New York
Ileana Sonnabend Gallery, New York
Galerie Neuendorf, Hamburg
Akron Art Museum, Akron, Ohio (with J.
Schnabel)
Whitechapel Art Gallery, London
Galerie Folker Skulima, Berlin
Galerie Neuendorf, Hamburg
Galerie Fred Jahn, München
Los Angeles County Museum of Art,
Los Angeles
The Museum of Modern Art, New York

1984
Stedelijk Museum, Amsterdam
Van Abbemuseum, Eindhoven (Tekeningen
1958–1983)
University Art Museum, University of
California, Berkeley
Kunstmuseum Basel
Kunsthalle Basel
Mary Boone/Michael Werner Gallery,
New York
Galerie Gillespie-Laage-Salomon, Paris
Mary Boone/Michael Werner Gallery,
New York
Staatliche graphische Sammlung, Neue Pi-
nakothek, München (Graphikretrospektive)
Galerie Thomas Borgmann, Köln
Städtisches Kunstmuseum, Bonn
Cabinet des Estampes, Musée d'Art et
d'Histoire, Genf
Kunstverein, Freiburg
Galerie Herbert Meyer-Ellinger, Frankfurt

Kunsthalle, Nürnberg
Artothèque, Lyon
Waddington Galleries, London
Vancouver Art Gallery, Vancouver
Deweer Art Gallery, Zwevegem-Otegem
Galerie Michael Werner, Köln

1985
Galerie Fred Jahn, München
Städtisches Museum Simeonstift, Trier
daadgalerie, Berlin
Kunstverein, Hannover
Galerie Gillespie-Laage-Salomon, Paris
Bibliothèque Nationale, Galeries Mansart et
Mazarine, Paris (Gravures et Sculptures)
Collection d'Art-Galerie, Amsterdam
Galerie-Lager Rudolf Zwirner, Köln
Galerie Joachim Becker, Cannes
Anthony d'Offay Gallery, London
Haus am Waldsee, Berlin
Kunsthalle, Bielefeld (Skulpturen)
Collection d'Art/Galerie, Amsterdam
Badischer Kunstverein, Karlsruhe
Maximilian Verlag/Sabine Knust, München
Stedelijk Van Abbemuseum, Eindhoven
Galerie Thomas Borgmann, Köln
Ernst Barlach Haus, Hamburg
The Alpha Gallery, Boston
Oldenburger Kunstverein, Oldenburg

1986
Kunstmuseum, Winterthur
Mary Boone/Michael Werner, New York
Galerie Beyeler, Basel
Mezej Savremene Umetnosti, Beograd
Obalne galerije Piran/Galerija Loža Koper
Galerija cankarjevega doma, Ljubljana
Galerie Beaumont, Luxembourg
Galerie Thaddaeus Ropac, Salzburg
Galerie Chobot, Wien
Galerija Grada Zagreba
Henie-Onstad Kunstsenter, Høvikodden
(Kamp-Motiver)
Mönchehaus-Museum für Moderne Kunst,
Goslar
Galerie Heike Curtze, Wien
Wiener Secession, Wien
Galerie Springer, Berlin

1987
Maximilian Verlag/Sabine Knust, München
Meine Kleine Galerie, Hildesheim
Christian Stein, Milano
Collection d'Art/Galerie, Amsterdam
Kestner-Gesellschaft, Hannover (Skulpturen
und Zeichnungen)
Galerie Buchmann, Basel
Museum Ludwig, Köln (Pastorale)
Galerie Neuendorf, Frankfurt
Abbaye aux Dames de Caen
Galerie Meyer-Hohmeister, Karlsruhe
Galerie Michael Werner und Graphische
Räume, Köln
Mary Boone/Michael Werner, New York
Anthony d'Offay Gallery, London

1988
Akira Ikeda Gallery, Tokyo
Instituto Alemán de Madrid
Lempertz, Bruxelles
Galerie Beaubourg, Paris
Galerie Fahnemann, Berlin
Galerie Herbert Meyer-Ellinger, Frankfurt
Casa de Cultura de Zamora
Sala d'Arme di Palazzo Vecchio, Firenze
(Dipinti 1965–1987)
Salone Villa Romana, Firenze
Städtische Galerie im Städel, Frankfurt
Sala de Exposiciones de la Obra Cultural,
Leon
Kunstverein Arnsberg
Château Grimaldi, Musée Picasso, Antibes
Hamburger Kunsthalle
The Toledo Museum of Art, Toledo
Kunsthalle Bremen
Galerie Buchmann, Basel
Galerie Laage-Salomon, Paris
Galerie Gillmeister, Peine
Atelier Ste. Anne, Bruxelles
Maximilian Verlag/Sabine Knust, München

1989
Kunstverein Aalen
Studio d'Arte Cannaviello, Goethe Institut,
Milano
Galerie Laage-Salomon, Paris
Galerie Michael Werner, Köln (Hommage à

Rudolf Springer)
Galerie Maria Wilkens, Köln
Kunstmuseum Basel
Artgràfic Galeria d'Art, Barcelona
Cankarjev Dom, Ljubljana
Museum Morsbroich, Leverkusen
L. A. Louver Gallery, Venezia
Maria Diacono Gallery, Boston
Kunsthalle Bielefeld
Galerie Kornfeld, Zürich

1990
Galerie Michael Werner, Köln (»45«)
Galerie Bernard Cats, Bruxelles
Michael Werner Gallery, New York
Centre Cultural de la Fundació Caixa de Pensions, Barcelona
Staatliche Museen zu Berlin, Altes Museum, Berlin
Anthony d'Offay Gallery, London
Herzog Anton Ulrich-Museum, Braunschweig
Sala de Exposiciones de la Fundación Caja de Pensiones, Madrid
Kunsthaus Zürich (Retrospektive)
David Holan Gallery, New York
Musée de l'Abbaye Sainte-Croix, Les Sables d'Olonne
Kunsthalle Düsseldorf (Retrospektive)
Galerie Laage-Salomon, Paris
Maximilian Verlag/Sabine Knust, München
Städtische Kunsthalle, Düsseldorf
Runkel-Hue-Williams Ltd./Grob Gallery, London
The Pace Gallery, New York
Rupertinum, Salzburg

Ausgewählte Gruppenausstellungen
Selected Groupe Shows
Expositions collectives choisies

1972
documenta 5, Neue Galerie, Kassel.

1975
XIII Bienal de São Paulo, (Deutscher Beitrag: G. Baselitz, Palermo, S. Polke), Pavilhao »Armando de Aruda Pereira«, Parque Ibirapuera, São Paulo.

1980
Der gekrümmte Horizont, Akademie der Künste, Berlin.

La Biennale di Venezia, Deutscher Pavillon (mit A. Kiefer), Venezia.

1981
A New Spirit in Painting, Royal Academy of Arts, London.

Westkunst, Messegelände, Köln.

1982
documenta 7, Museum Fridericianum, Kassel.

Zeitgeist, Martin-Gropius-Bau, Berlin.

1983
Expressions, The Saint Louis Art Museum, Sant Louis; The Institute for Art and Urban Resources (P. S. 1), Long Island City; New York; Museum of Contemporary Art, Chicago; Newport Harbor Art Museum, Newport Beach.

1984
Origen i Visió, Centre Cultural de la Caixa de Pensions, Barcelona; Palacio Velázquez, Parque del Retiro, Madrid; Museo de Arte Moderne, México.

Skulptur im 20. Jahrhundert, Merian-Park, Basel.

von hier aus, Messegelände Halle 13, Düsseldorf.

La Grande Parade, Stedelijk Museum, Amsterdam.

1985
Nouvelle Biennale de Paris, Grande Halle du Parc de la Villette, Paris.

1985 Carnegie International, Museum of Art, Carnegie Institute, Pittsburgh.

German Art in the 20th Century, Royal Academy of Arts, London; Staatsgalerie Stuttgart.

1987
Berlinart 1961–1987, The Museum of Modern Art, New York; San Francisco Museum of Art, San Francisco.

1988
1988 Carnegie International, The Carnegie Museum of Art, Pittsburgh.

Refigured Painting: The German Image 1960–1988, The Toledo Museum of Art, Toledo; The Solomon R. Guggenheim Museum, New York; Williams College Museum of Art, Williamstown; Kunstmuseum Düsseldorf; Schirn Kunsthalle, Frankfurt.

1989
Bilderstreit – Widerspruch, Einheit und Fragment in der Kunst seit 1960, Museum Ludwig in den Rheinhallen der Köln Messe, Köln

Danksagung / Acknowledgements / Remerciements

Der Verlag dankt an erster Stelle Georg Baselitz, Detlev Gretenkort, Michael Werner und seinen Mitarbeitern für die großzügige und freundliche Unterstützung. Außerdem danken wir allen Museen, Galerien, Sammlern und folgenden Fotografen, die dieses Buch ermöglicht haben: Daniel Blau, Balthasar Burkhard, Regine Esser, Maria Gilissen, Benjamin Katz, Bernd-Peter Keiser, Jochen Littkemann, Martin Müller, Frank Oleski, Ludwig Rinn, Friedrich Rosenstiel, Lothar Schnepf, Nic Tenwiggenhorn und anderen.

The publishers extend special thanks to Georg Baselitz, Detlev Gretenkort, Michael Werner and his colleagues for their kind and generous support. We would like to thank all of the museums, galleries, collectors and the following photographers who made this book possible: Daniel Blau, Balthasar Burkhard, Regine Esser, Maria Gilissen, Benjamin Katz, Bernd-Peter Keiser, Jochen Littkemann, Martin Müller, Frank Oleski, Ludwig Rinn, Friedrich Rosenstiel, Lothar Schnepf, Nic Tenwiggenhorn and others.

La maison d'édition remercie en premier lieu Georg Baselitz, Detlev Gretenkort, Michael Werner et ses collaborateurs pour leur aimable et généreux soutien. Nous exprimons, en outre, nos remerciements à tous les musées, galeries, collectionneurs, ainsi qu'aux photographes suivants, qui ont contribué à la réalisation de cet ouvrage: Daniel Blau, Balthasar Burkhard, Regine Esser, Maria Gilissen, Benjamin Katz, Bernd-Peter Keiser, Jochen Littkemann, Martin Müller, Frank Oleski, Ludwig Rinn, Friedrich Rosenstiel, Lothar Schnepf, Nic Tenwiggenhorn et bien d'autres encore.